洄游，成為海

——寫給生命的朝聖日記

羅秀芸（娃娃）著

推薦序

九百公里路的玫瑰花

作家　夏曼．藍波安

蘭嶼島入夜以後，各部落沿海公路的路燈，時而明亮，也時而閃爍，如是頭頂浩瀚宇宙、天空的眼睛，也時而明亮，時而閃爍不已。在紅頭部落偏遠幽暗處，有盞暖黃夜燈，似是電壓不足般偶爾明滅，在荒郊野外，映照著「在海一方」看板，疑是孤獨客，離群索居。

我所居住的紅頭部落，由社區發展協會負責籌辦各季節的歲時祭儀。每到此時，一位臉上總是掛著淡淡微笑、手握相機的女孩，總是時而停頓，時而穿梭人群的調整相機焦距，按下快門。一條輕便牛仔褲，夾腳拖鞋，輕便上衣，和不算短的頭髮，說著「Kaminan kong」（阿姨好）、「Maran kong」（叔叔好），語氣透露出已與部落人嫻熟的語音頻道。只記得她寄宿在部落友人家、在協會幫忙，其他認識無多，「她怎麼會一直待在部落裡？」好久好久悶在內心深處，我問我自己。

後來彼此因工作關係變得比較熟悉。前兩年，我受邀去法國巴黎和西南部的波爾多，她正好捎來問候。她說，她正從法國西南部 Saint-Jean-Pied-de-Port 前往西班牙 Santiago de Compostela 旅途中，有七百七十九公里路，預計要走一個月，結束後還要去看世界的盡頭，加起來將近九百公里。

我在波爾多一直思考著：她為何要走出來，走到異國異域，對她陌生到極點的國度？她的英文會話好嗎？她在蘭嶼已經十分孤獨，她在尋找比孤獨更為孤獨的邊界嗎？若是如此，又為了什麼呢？我懷疑她的膽識是孤獨星球所釀就。我不知道為何如此關心她，甚至是疼惜她的孤獨，她……到底在想什麼呢？

一個小小的貨櫃屋，裝著她內心世界的所有，也裝置著她內心世界的信仰，稱之「在海一方」，她內心的「海一方」究竟在哪兒呢？一個人在異國異域徒步行走近九百公里，她在淨化身心靈嗎？想到這一點，我默默地哭泣！「在海一方」的意義，對於我這種人的解釋，「那是沒有國界，沒有界限，拒絕國家法治的操控，也拒絕喧嘩，拒絕合群，是一個人的天空，一個人的海洋，自由自在地過生活。那是一個人的天地，

她是平行時空的遊牧者。」而她內心的底層，在尋找什麼呢？

她叫羅娃娃，我們持續保有工作上的互動。有天開完會，她告訴我：「Maran，我要出書了！」，我主動對她說：「幫妳寫序。」她笑了，說：「Maran的文字是更浩瀚的海洋，您又剛獲得星雲貢獻獎和國家文藝獎，我的文字只是小沙子……」，但她知道我的心意，她輕輕地說：Ayoy（達悟語謝謝之意）。

輕輕的說，像是一片雲的輕盈，隨風飄移，掠過我心頭。想著，雲的司機是宇宙的風神，風神也是最自由之神。

「你寫了什麼？」我問。

「就是這幾年的心語星語。」她說。

我輕輕哽咽，在脖子下的心脈，她跟我沒有一絲血親，我為何如此觸動……，假如有小小答案的話，箭頭指向我：我花了四年時間，才考上大學，在一個人的房間（她則是在海一方）數次落榜，最想得到的就是父母親的安慰與鼓勵。但我得不到，因為我的父母親在平行時空裡，他們的信仰住在另一個星球，什麼大學什麼博士，與他們

的地瓜芋頭、飛魚鬼頭刀相較之下，是最遙遠的星球距離。「聯考」的激烈，「落榜」的慘況，他們最不需要理解，但面對著這些高度障礙，我需要最寧靜純真的安慰，最後落空了，即便在我考上大學那一刻。父母親不理解這些玩意兒，幼時同學沒有人純真的恭喜我，但我接受了孤獨的底蘊，也接受了拒絕讚美。

但是，此刻也晉身為父執輩的我，要讚美娃娃出書嗎？那是當然的，但要如何稱讚呢？將近九百公里的徒步，那是娃娃身心靈淨化的儀式，沒有說話的對象，沒有父母親的安慰，只有跳動的心臟告訴她，她還活著。

「在海一方」，一個人的星球，不需要人生功成名就，只需要呼吸，她孤獨的書店有棵茄苳樹，那兒正是紅頭部落的傳說之一，茄苳樹族的故居。在此，遞上深刻且純真的祝福，祝賀娃娃出書了，把心靈語言寫出來，就是最美的文學。

她的書就是九百公里路的玫瑰花。祝福她的靈魂「Akmey lalitan.」（堅如頑石），如海的一方旭日之昇，洄游成為海。

推薦序

走向內在深處埋藏的聖域

作家　劉崇鳳

一天又一天的日記，堆疊出一次又一次對自己的呼喊。堅定、細膩、誠實，是那麼細膩而又勇敢的書寫。毫不迴避地攤展生命，在一條異地的長路上摸索自己內在的長路。那些既往的疼痛都有了時間細細檢視、撫慰與溫敷。

人們以為走朝聖之路的朝聖者冀求完成什麼，不是的，娃娃只是經過，她每走一步都在探問自己的島嶼（台灣／蘭嶼），不時地探索愛與幻滅、失落與獲得，向生命叩問，時間存在的意義。幾乎就像是，藉由外在朝聖之路的存在，走向內在深處埋藏的聖域似地……於是讀著讀著，不像在西班牙，反倒跟著她重新活了一遍似地，愈來愈明晰、愈來愈舒坦。

原來走路可以這樣子，靜靜讓自己沉澱，又願意攤展開來，向我們分享那些混濁與

激烈。藉由步履不停歇地身體行進，整理與貼近自己癱瘓的靈魂，靠近世界，輕輕說聲嗨。

於是，洄游之時，便成為了海的一部分——生命是一片汪洋，如此廣袤。

MONIQUE

目次

PREMIO PRINCIPE DE ASTURIAS DA CONCORDIA
2004 AO CAMIÑO DE SANTIAGO,
COMO LUGAR DE PEREGRINACIÓN E
DE ENCONTRO ENTRE PERSOAS E
POBOS QUE, A TRAVÉS DOS SÉCULOS
SE CONVERTEU EN SÍMBOLO
DE FRATERNIDADE E VERTEBRADOR
DUNHA CONCIENCIA EUROPEA.
Fundación
Príncipe de Asturias

推薦序

① 在翻開日記之前

這些年何其幸運，住在一個比較能夠貼近內心的島嶼，走入又走出人群，旁觀人情百態，摸索愛和關係。在失落或豐盈中，逐漸覺察、學會照顧自己，不再把個體縮小如塵埃一般。過去的我常感到自卑，總認為自己不夠好，不值得擁有好的事物，負能量如影隨形。好像直到近年，我才感覺到靈魂與個體慢慢整併，試著理解並相信：「妳就是美好的存在，而且妳真的很努力。」

二〇二二年初看了電影《海街日記》，有句台詞說：「你有時會不會突然發現，自己當下所待的地方，其實並不屬於自己？」

「屬於」二字，便成為心裡的一把鑰匙，察覺到，好像沒有任何一個地域能夠真正屬於誰，或是誰能夠真正屬於某個地方。我心裡的想像是，若你對一個生活與生存的土地有感與有愛，願意捍衛它存在的價值、守護其正向的文化，那當下你們便屬於彼此。

這份愛應該是流動的，從此城到彼城，跨越海線和地界，只要用心相待過，那不管走去哪裡，都能隨時與它同在，不因距離和時間而背離。

∞

自有記憶以來，一共搬過了二十二次家，童年生活於彰化八卦山，短居過高雄，在屏東潮州長大，大學移居到淡水，爾後住過劍潭、雙連，直至新生北路二段。二〇一七年，因為工作關係遷徙到離島蘭嶼，忽然就不再喜歡向外移動。這在島嶼並不算是常態，大多數島民都慣於移動奔走，但是出島、回島之於我是一件費力的事，需要處處思慮計較。年復一年，往返台灣的次數也就越來越少，間隔越來越長，踏上本島很快就感到意興闌珊，以至於吃著想念的家鄉料理食不知味，往返商店採購時心不在焉。彷彿沒有太多欲望，心裡只惦記著海，看見了海，心就能夠安穩下來。

不過我一直深信人的能量會隨著移動而流轉，也知道每一次路途中衍生的思慮都是養分，能滋潤因瑣碎日常淪為機器般運轉的腦袋。這幾年，我在蘭嶼開了書店，終日沉浸於書和文字裡，卻突然想起，自己並不是那麼擅長面對形形色色的客人——雖然從十五歲就開始打工，在小騎士炸雞站過櫃台，在淡水老街吆喝賣章魚燒，在燒烤店端炭盆和洗碗，最後在7-11輪值早晚班直到完成學業。但畢業後，我便決心不再踏入服務業，而是躲進了辦公室裡，

單純只應對熟悉的同事主管，沒想到職場繞轉多年，最後還是開了店，賣書、直面客人，接收想像中的美好，同時也接收大量不在預期中的失控。我覺得很難消解心中的矛盾，好像一切又回到人生原點，身為一個外向型的內向者、INFJ人格，一心走往書店之途，到底在想什麼呢？

書店是自己親手打造，在此之前，我沒有任何工地經驗，但「自己來」這件事對蘭嶼人而言理所當然，因為找工人不容易、對焦資訊也不容易，最後自己來會比較快，儘管這個「快」，其實花了九個多月的時間。從一個敲釘子都會敲歪的工地新手，摸索著綁鋼筋、攪拌水泥、學會裝修牆面，再批土刷油漆、做木工，慢慢拼湊出一個家屋同時也是書店。過程經歷了許多挫敗，我經常坐在工地裡哭，問自己為什麼而做？哭完還是掙扎著站起來繼續，或偶爾抽離去做點其他事。當然，也有許多奇異的收穫和難以言喻的成就感，我常想，這個歷程也許就像是我內心嚮往不已的西班牙聖雅各之路（El Camino de Santiago，簡稱朝聖之路）。

∞

傳說中，耶穌的十二門徒之一聖雅各殉

道後，人們從耶路撒冷出發，沿著地中海、伊比利半島，將他的遺體送往西班牙加利西亞地區安葬。途中卻不幸發生船難，遺體隨船隻沉沒大海，消失無蹤。某一日，人們在海邊奇蹟般發現了他，據說因為扇貝覆蓋住身軀，使他的遺體完整無損，於是得以順利安葬。隨著物換星移、人事移轉，聖雅各的墓穴地點逐漸成謎。直到西元九世紀，一位牧羊人在一片繁星聚集的原野發現了他的墓穴，於是後人就地興建教堂，並將此地命名為Santiago de Compostela（繁星聚集之地）作為紀念。

自中世紀以來，天主教徒爭相從歐洲各地出發，前往Santiago de Compostela見證神蹟，也踩踏出幾條不同的路線，包含原始之路Camino Primitivo、法國之路Camino Francés、北方之路Camino del Norte、銀之路Vía de la Plata、葡萄牙之路Camino Portugués與英國之路Camino Inglés等，起源雖然與宗教有關，但隨著時間流轉，它開始被人們視為是洗滌心靈、鍛鍊意志與挖掘未知內在的奇幻旅程。

眾多路線中，以法國之路最廣為人知，我看過的兩部電影《我出去一下Ich bin dann mal weg》與《聖雅各的天空Camino Skies》，便都是以此路線做為主軸，前者用

單一視角敘說朝聖之路，後者則是透過每個人的對話或獨白來拼湊出那八百公里路途。

我一直都想去徒步遠行，有人渴望在路上追求孤獨，有人期待尋找夥伴互相扶持，有人為信仰而去，有人想贖罪，有人探索生命的意涵，而我是對那無止境的廣闊和陌生感到嚮往，想知道雙腳與心將帶我前去何方。看《聖雅各的天空》時，我從開頭哭到結尾，可能是在每個人身上都看見一點點自己的影子，「為什麼要出發？」「目的地在哪裡？」也反覆想過許多次，總沒有頭緒，可能開店後這些年的我真的很茫然。

在電影的描述裡，朝聖之路就像是一條能夠重啟人生的路徑，行過數百公里，主角們的生命際遇從此不同。我很好奇，每個人走完都會有相似的體悟嗎？如果本身已逐漸有所自我覺察，那麼在路途中，又將會有什麼樣的收穫？

於是我決定也出去一下。

抽離現階段的茫然，走遠一些，時間拉長一點，去看看世界的其他種可能。

∞

選擇了跟電影同樣的路線，從法國西南部小城Saint-Jean-Pied-de-Port出發，翻越庇里牛斯山，穿過伊比利半島，走到西

班牙西北部的Santiago de Compostela，到達表定的終點後，緊接著繼續走往Fisterra和Muxía，傳說中世界的盡頭。三十七天走了將近九百公里路，獨自一人出發，被如光一般的黃色箭頭指引，不時獲得意料外的陪伴，上演無數回合彆扭的內心戲碼。最終我放下了對於孤獨的執著，笑中帶淚收下朝聖之路給予的所有禮物。

我遇見為信仰而行的人，陪伴一些人在對話中探索自我，聆聽他們的傷痛，也為努力想證明自己的人鼓掌。朝聖者群像在步履中連結、彼此分享，我不確定自己是否也帶給他人什麼，倘若有，希望是豐盈美好的感受多過其他。

這一路用雙腳數遍了大城小鎮，沿著公路或看不清楚路在哪的路，行經田園與荒野，翻越牧場和高山，持續有人從各地起點出發，持續有人走在路上，而我在日復一日領受的衝擊中學習並緩慢調整。深深感激由黃色箭頭、扇貝符號和過往朝聖者足跡所匯集而成的光，守護並引領我，平安且謙卑地完成旅途。

寫下沿途種種，寫下走向遠方再走回內心的漫漫軌跡，願藉文字重回那片繁星原野，成為往來朝聖者所仰望的億萬分之一星芒。

路上日記

2022.9.4 – 9.5

Taipei to Singapore, transfer to Paris, Paris to Bayonne

飛行

不確定日記該從哪一天開始寫，終於安頓下來的此刻，已喪失了時間感，而掏出紙筆準備書寫時，才發現要找到一張桌子好好寫字，竟不是一件容易的事。出發前沒有想到這一層，但既然紙筆都帶了，那還是開始吧。

弟弟和他的女友Aimee在台灣送機，我們去吃添好運港式飲茶，Aimee說：「希望妳的旅途能夠擁有許多好運氣，所以選了這家餐廳」，她想得好周到，我的確非常需要好運。

∞

這是我生平第一次在極為放鬆的狀態下出國，放鬆到腦袋接近空白，只記得把護照、電子機票、疫苗黃卡和申根地區保險

證明備份到雲端裡，然後心思就全然只在行李上。這也是第一次不拉行李箱，只扛著一個大背包就要出門，別人都是趁年輕當背包客去流浪，而我是越活越年輕，在將要奔四的年紀才開始體驗背包旅行。出發前一再濃縮行囊，畢竟要背著行走，我也想知道這些年所奉行的極簡生活套用在旅行中，是不是也能運用得宜。

抵達桃園機場，把大背包慎重捆好便辦理登機，我搭新加坡航空，從桃園出發往巴黎，中途會在新加坡轉機。跟地勤人員確認行李會直掛後，隨即遇到問題：地勤看著單程機票，詢問我去法國的目的？我解釋是旅行。

「那回程呢？」

「回程從西班牙返程，搭國泰航空。」我趕緊出示電子機票。

「那妳怎麼從法國去西班牙？」對方依然不解。

「走路。」

「走路？怎麼走？」

站在櫃台解釋了許久，地勤仍十分困惑，請我原地稍候，請出了高層來釐清。

「請問妳有訂房證明或火車票嗎？」

都沒有，因為我根本不知道抵達巴黎後會先去哪裡，以及今晚要住哪兒。

花了點時間一遍遍向他們解釋什麼是朝聖之路、法國路線起點與終點、路程一共多長、如何行走，並強調自己不會在歐洲境內停留超過免簽的九十天期限，甚至打開過往朝聖者繪製的離線地圖，讓他們確信真有這麼一條路。最後，地勤終於同意放行，但高層仍含蓄地提醒我，若法國移民官也有同樣疑慮，判定我入境理由不夠明確的話，就有可能把我遣返。

我完全沒料到這件事，十年前曾獨自去過法國，印象中只是遞上護照，稍做確認後便通關。但此刻為什麼會卡關呢？我困惑且焦慮，努力深呼吸讓自己平靜下來，也許是因為這兩年疫情影響，大家變得格外謹慎？或有什麼我疏漏的國際新聞嗎？惴惴不安地離開出境大廳，安慰自己：我不會被遣返的，法國人一定知道朝聖之路，不要擔心。

∞

登機前撥了一通電話，除了緩和心裡的緊張，也想把一件擱在心裡的小事弄清楚來。電話雖然撥通，但是詢問無果，我想有些人或有些事可能永遠都沒辦法弄懂，或者懂與不懂並非眼前的功課。既然要出門了，就先略過吧，以後再說。

抵達新加坡是午夜，英文奇差的我下機前有點緊張，懊惱沒有先查詢「轉機」的英文是什麼，如果待會兒走錯怎麼辦？幸好新加坡機場非常友善，一走出閘門便看見斗大的中英雙語標誌：「Transfer 轉移」，是本次旅行記下的第一個英文單字。

轉機很順利，等待時間不長，午夜的機場相當安靜，一半以上的旅客是歐洲面孔，靜靜排隊或在角落假寐，各自等候著不同的紅眼班機。我沒有坐下，儘管此時感到非常昏沉，但我想多看一眼這個陌生的機場。玻璃窗外是個未曾到訪、暫時沒有機緣探索的國家，就這樣隔著機場遠遠打招呼便好。

再度回到飛機上，客艙裡有幾名嬰兒，我不怕吵，但悄悄替他們的家長擔心著，這麼長的旅程，若孩子哭起來，是不是會很有壓力呢？奇蹟似的一路上沒有太多躁動，

只見到爸爸們每隔一段時間會起身，抱著孩子沿走道來回散步、溫柔安撫，我感覺到一點點文化氛圍的不同，儘管身邊也有些樂於分工、共同照顧孩子的男性朋友，但這樣的畫面在台灣還是少見吧？

我完全忘記接下來的飛行會跨時區，本以為七個小時後就會抵達，回神仔細一算，飛往巴黎需要十三個小時，這是好事，我需要一場極為深沉的睡眠，生理期剛好在登機前同步向我報到，願我們在飛機上和平共處。

∞

抵達巴黎是早上七點多，把自己從很放鬆的狀態喚醒，因為想起台灣地勤的叮嚀，我不斷默念熟悉的佛經，祈禱能順利通關。排隊時刻意挑了一位面善的移民官，輪到我時，很客氣先對他說了早安才雙手奉上護照，對方邊翻閱邊問：「有簽證嗎？」我額頭微微冒汗，結巴地解釋自己來旅行，遞上手機裡的回程機票，他核對過日期，又考慮了三十秒，我趕緊補上關鍵字：「朝聖之路。」

「朝聖之路？聖雅各？」

「對！」天啊，菩薩幫幫我。

他沉思了十秒，終於舉起印章蓋下入境核准：「祝妳旅途愉快！」

我放鬆下來，發現自己內心正在痛哭，巴黎你好。

提領完行李後坐在入境大廳，把大背包重新整頓好，花了點時間懷疑人生，此刻我才開始認真做功課，起點處Saint-Jean-Pied-de-Port（SJPP）多遠？我該怎麼去？今晚要住哪裡呢？起飛前這大半年，我不知道自己究竟在忙什麼，忙到從未騰出時間安排規劃，或是更深入去理解即將到來的旅程。腦袋和身體好像是一件剛剛從烘衣機裡撈出來的毛衣，在高溫扭轉之下縮水變形，扁皺得難以攤開撫平。

幸好這是一個網路發達的年代，手指在幾個程式間飛速切換就查到了交通路線，比較適合我的方式是前往巴黎市區Montparnasse車站，轉乘高鐵到法國西南部城市Bayonne，那裡有火車可以前往SJPP，法國路線的起點。我決定先在Bayonne住一晚，好好洗澡休息後隔天再出發（原本想住巴黎市區，但看完房價後覺得還是

快逃吧）。

Bayonne是個天空好藍、氣候溫暖的城市，讓我想起多年前曾造訪的法國北部城市Lille，儘管溫度截然不同，卻有著同樣不帶任何濾鏡的藍天。靠近火車站的青年旅館不多，有預感會在此遇見一些朝聖者，果然辦理入住時就遇到了，那位女孩長得好像蘭嶼友人育菁，跟我一樣穿得一身黑，但除了後背包外還拖著一個行李箱，不確定是不是也要去朝聖。我們朝彼此點頭，無聲地打了招呼，但我猜她應該是台灣人。

稍早在Montparnasse候車時也遇見一位優雅的女士，她坐在階梯上整理行李，登山背包上掛著一枚彷彿在發亮的貝殼——朝聖者標誌。我看向她，她也善意回望，我們不約而同對彼此綻開笑容，不言而喻的祝福。

1

2

1 抵達巴黎的第一杯星巴克，店員問名字時我愣了幾秒，已經拋棄英文名字很多年了，沒想到還有機會再用到，一時興起直接中翻英，此後在路上，我就叫Wawa。

2 川流不息的巴黎Montparnasse車站。

2022.9.6

Bayonne to Saint-Jean-Pied-de-Port

起點

兩天換了五種交通工具，終於抵達SJPP，拖著還在調整時差的疲憊腳步邁進庇護所（Albergue）長廊，看牆壁上畫著從起點一路往目的地Santiago de Compostela和世界盡頭Fisterra、Muxía的路線，有一種「遊戲即將開始」的感覺。抵達庇護所時是熱門入住時段，跟有各國口音的朝聖者們一起排隊，彷彿置身英語大會考，但櫃台人員既熱情且幽默，就在眾目睽睽的歡聲笑語中順利入住。

我換好輕便的短褲和拖鞋往街上走，網路訊號變得不太好，無法用手機看地圖，但是想去的朝聖者辦公室不難找，只要跟著人潮走就能走到。在辦公室門口再度遇見長得像育菁的女孩——在青旅吃早餐時也有遇見她，我隨口用中文說了聲早

安，兩人相視一笑，確定她是台灣人——我問她怎麼抵達SJPP的？因為早晨疑似遇到火車罷工，開往SJPP的火車整天都取消。我當時愣在火車站許久，找不到其他交通方式，最後只好面對自己最大的心魔，搭公車，我連在台灣都不太懂公車啊，何況是在法國。

∞

公車從Bayonne遊客中心出發，要到一個安靜偏遠的小鎮轉乘，轉乘站牌在一家寧靜的醫院門口，周圍空蕩蕩沒有住家，要在這裡等四十分鐘。腦裡不斷浮現某些變態殺人魔電影，有點緊張害怕，沒想到朝聖之路起點還沒到，我就得先跟第一個心魔交戰。更奇怪的是，既然火車停駛了，那其他朝聖者都怎麼前往呢？整條路上只有我一個人，原先在公車上也沒有遇見同行者。等了許久，要轉乘的公車來了，上車後依然只有我一人，心跟著車子忐忑搖晃許久才終於抵達目的地。下車時，司機送給我一個大姆指手勢，算是踏上旅途的讚許吧。

「育菁」說她有訂到火車票，是早晨唯一行駛的一班，但她沒有趕上，後來發現火車站安排了接駁公車直達SJPP，於是她順勢上車，車程時間只有我的三分之一。

∞

進到朝聖者辦公室，志工對每個人的第一個問題都是：「今晚有地方住嗎？」，好像因為這幾日朝聖者眾多，小城庇護所幾乎都客滿了，這也讓我開始擔心隔日的住處，現在擔心會太早（或太晚）嗎？

買好朝聖者護照，慎重寫下名字和出發日期，志工為我蓋下第一個印章，接著他給我一張庇里牛斯山徑的地圖，提醒我，山上兩處庇護所都在前半段，過了之後就沒有庇護所了，必須一路走到下山。他也提醒會遇到哪些岔路，以及最後一個補水站，另外附上一份每日里程數建議表，備載了地形指引與公立庇護所資訊。握著這些資料心裡感到非常溫暖，同時也知道，明天過後就不會再有人提醒，過了庇里牛斯山，一切就要靠自己了。

離開辦公室前選了一個喜歡的貝殼掛飾，把零錢投入奉獻箱，滿懷感恩踏出大門。

我買了一球冰淇淋站在街上大吃，表情看起來可能很開心，因為路人都朝著我微笑，也上前去買冰淇淋。晚餐跟昨晚一樣吃不太下，只買了蘋果和柳橙汁，後來在交誼廳發現一些法國女孩吃生菜沙拉，我懊惱原先沒想到。在超市看到蔬菜時，滿腦子只想著沒力氣烹煮食物，渾然忘了自己身在歐洲，印象中歐洲人大多直接生吃啊，突然很期待明天晚餐吃生菜沙拉。

入住庇護所第一夜就啟用睡袋，這裡沒有被子；頭燈也拿了出來，因為要摸黑寫日記，房間很早就熄燈。去樓下洗衣服時再度遇見「育菁」，原來她也住在同一家庇護所，她很聰明帶了柔軟輕便的洋裝，看起來跟白天完全是兩個人，我身上只有走路要穿的衣服，好像可以考慮添購一件？再想想好了。

來到這裡誰也不認識，但很自然會對遇見的人微笑或打招呼，因為在未來三十天至四十天裡，我們可能會不時走在一起或互相幫助，這些微笑都是寶貴的打氣和祝福。

明天要翻越庇里牛斯山，我需要非常多的祝福。

Bonne nuit! 法語的晚安。

小碎語

無意間發現腳下的水溝蓋寫著很有意思的一段話：「不要扔進任何東西，大海從這裡開始（Ne rien jeter, ici commence la mer.）」，非常詩意的提醒，讓我想起各種被扔進水溝裡的菸蒂……，是啊，它們最終都會流進大海。

1

2

1 偏遠安靜的公車站牌，獨自在這裡等了四十分鐘，其間只有重機和大貨車呼嘯而過，是旅途中少數害怕的時刻。

2 公車剛好下在SJPP火車站，回頭匆匆望了一眼，和預期不一樣的開始，也做個紀念。

3

4

3 位於法國路線起點的朝聖者辦公室，有些人連背包都還來不及卸下就先來排隊。

4 冰淇淋店門口的粉紅扶桑花，讓我想起此刻在一萬公里遠的蘭嶼，那些親手種下的扶桑花，已經比我的肩膀還高了，希望此刻書店安好。

Day01

2022.9.7

Saint-Jean-Pied-de-Port > Honto > Orisson > Roncesvalles > Burguete

距離：27.2 公里，行走 11 小時

高度：爬升 1,507 米、下降 785 米

爬山

起床收拾背包時發現少了一隻襪子，低頭檢查床底下和四周都沒找到，昨晚因為懶得換洗，就把只穿半天的襪子塞進登山鞋裡，確定有塞好，沒道理鞋子還在，襪子卻不翼而飛？腦裡飛快回想自己有沒有冒犯到哪位室友，這是惡作劇嗎？難道，隨機拿走一隻襪子，是某種出發前的祈福儀式？懷著困惑，早餐吃得心神不寧，羊毛襪很貴，這讓我有點心痛，今天又必須趁早出門，突然倍感壓力。

回頭又細細搜尋一遍，連房門口的垃圾桶都翻了，結果在回收床單的竹籃裡找到，啊……，肯定是收拾床鋪時太著急，不小心夾帶在裡頭，我真迷糊。下樓遇到「育菁」隨即跟她分享這荒謬小事，一起大笑緩解了壓力，倒是她真的弄丟一頂帽子，

沒有機會拿回來。我不假思索問道，願不願意接收我的灰色漁夫帽——其實我不愛戴帽子，也不知道為什麼會多準備一頂，難道當時還考慮了穿搭嗎——她欣然接收，我也很開心帽子有新主人，留一頂黑色鴨舌帽已經足夠。

出門前把原本用來托運背包的行李背帶和 IKEA 大購物袋留在庇護所捐物箱裡，希望有人用得上。

∞

今天唯一的目標是翻越庇里牛斯山，海拔一四二七米，最遲早上七點前一定得出發，這是朝聖者辦公室志工的提醒。清晨天色未亮，我推開大門啟程。

「育菁」的名字叫 Charlene，有點抱歉，過了三天才向她自我介紹，我不太擅長做這件事情。我們的步伐差距不大，偶爾一前一後，偶爾並肩行走，一起看了在朝聖之路的第一個日出，默默確認哪一段路才算是真正進入山徑。

走在庇里牛斯山一切都很不可思議，我頻頻轉身環顧眼前的遼闊，風景相當優美，

沿途不時會遇見牛、羊、馬群，牠們靜靜地低頭吃草，或抬頭望著路過的人群，彷彿也已經習慣一波又一波的過客。

專心想著腳下的步伐，看人們偶爾停下來興奮與動物、與山林合影，我卻提不起勁，我很久沒有運動了，即便去年長達大半年勤跑健身房，每天花一小時踩飛輪、做核心運動，但後來又逐漸懶怠。真正踏上朝聖之路前，連規劃好的走路訓練都擱置，今年甚至沒有爬上蘭嶼大天池（以往每年至少去一次），不知道自己究竟在忙什麼。

啟程第一天便很厭世，頻頻質問自己：

「到底是誰叫妳來的？」

「前面還有多少上坡路要走？」

第一個休息點是上山後五公里處，一個叫Honto的小鎮，當時沒有太多人停下，因為才暖身不久，好像還不需要休息。唯有一個看起來相當紳士的老爺爺坐下來喝咖啡，我很佩服他，覺得他很誠實面對心理的需求。往前再走兩公里就是山上唯二的庇

護所，小小一間床位不多，據說至少要提前一個月預訂，我和多數人一樣在此補水、小憩片刻便繼續前進，下一個可下榻的小鎮 Roncesvalles 是在山下，十七公里之後。

路上最渴望的食物是香蕉和柳橙汁，山頂處正好有輛餐車能買到，我還多吃了一小塊巧克力磅蛋糕，能夠補充熱量真好，有些人的背包明顯塞著法國長棍，讓人不時萌生搶劫的念頭。

雖然全身都在流汗，但山上氣溫比較低，我不敢隨意脫下外套，避免失溫。行走中偶爾會被其他朝聖者問候，開頭第一句通常是：「妳是韓國人嗎？」路上的亞洲面孔大多是韓國人，因此被這麼問並不意外，但值得欣慰的是，當我說自己來自台灣，不再有人誤以為是泰國，也鮮少有人接著問是中國人嗎？台灣就是台灣，一個對歐美人而言有點遙遠，但印象中被海洋圍繞、以美食聞名的島嶼，不少人直接反應說想起來肚子就好餓。

∞

不記得到底反覆走過多少上坡與下坡，在岔路處逐一辨識屬於朝聖之路的提示，沒有更多心力欣賞美景，腳步始終很緩慢。想起幾年前曾在青藏高原打工換宿的日子，和一群陌生夥伴一起置身於世界屋脊，守望最純粹真摯的信仰。藏人記掛萬物，敬天地，愛眾生，認為若世界安好，自己與家人便也會安好。每每攀爬至高峰，他們繫五色經幡，手握風馬紙（藏語念「隆達」），飛撒在空中的祈念皆是為眾生祈福。風馬紙被風傳揚，上至穹蒼，耳畔響起同樣來自台灣的夥伴奕寧所分享：「轉山是為了祈福，為了一切眾生離苦得樂，遠離世間的煩惱。替眾生祈福，不只是為了自己，而是為了一切眾生。藏傳佛教是這樣子的，大乘佛教，所有的一切都是為了眾生、為全世界。那轉山，自然也是替眾生祈福。」

虔誠的藏人亦在乎來生，認為今生所竭盡的一切，都為了換得好的來生。我有時也走入寺廟，讓心跟隨寺廟裡的轉經筒繞轉，順時鐘，一圈又一圈循環，在緩慢而穩定的轉速裡感受別無所求的簡單富足。

高原晝長夜短，我們在巴塘草原工作，經常忙到夜深才休息，拖著疲憊的身軀回帳篷，就著份量不多的水洗臉、刷牙漱口，草原上幾乎沒有衛浴，取水都仰賴人工自溪流舀取，能有水洗臉已是萬分幸福。夜裡溫度驟降，我們點燃牛糞爐取暖，在無法供電、也沒有網路訊號的荒原裡沉沉睡著、一待多日，等工作告一段落才回到玉樹市區、稍微便利的貨物集散地，等待下一次任務來臨。儘管每次離開草原回鎮上都如釋重負，慶幸能夠洗澡、休息和看書，但那些樸實的草原生活總縈繞在腦海，讓人感覺自己曾真正踏實地活著。

我在青藏高原待了三十五天，大自然教會了我一些事，然而此刻在庇里牛斯山所經歷的，卻像是高原生活的總和，可能越是處在遼闊之處，越能感到自己的渺小和卑微，「活著」變得單純而絕對。不知道還有沒有機會再度回到青海，就像庇里牛斯山這輩子可能只會走這麼一次。

∞

第一天便能跨越法國與西班牙的邊界，我和Charlene在邊界處為彼此拍照留念，她告訴我，山腳下Roncesvalles小鎮唯一的庇護所已經客滿，她比較早訂，有訂到床位。我想了想，決定直接預訂下一個城鎮的住處，也就是下山後再往前走三公里，去Burguete。

走到Burguete是下午五點半，我的肩膀和大腿都痠軟到不行，累得幾乎無法動彈，幸好今晚入住的是青年旅館，比昨晚舒適，身心都稍感安慰。來到歐洲這幾日還不曾吃過熱食，於是就近找了個酒館吃晚餐，但是餐點非常難吃，我點的是雞排，雞肉煎得又乾又鹹，薯條則是太油膩，唯一好吃的是西班牙辣椒，這頓晚餐還要價不菲，一共十三歐。突然想起傳說中便宜好吃、具有份量的「朝聖者晚餐（Cena del Peregrino）」，希望接下來有機會吃到。

Hola!

已切換至西語頻道。

走著走著總覺得「這裡肯定是制高點了吧！ 再來就要下坡了吧！」但現實總是殘酷的，下坡一大段後又會重新上坡，下坡上坡上坡下坡，膝蓋流淚中。

Day02

2022.9.8

Burguete > Espinal > Bizkarreta > Lintzoáin > Puerto de Erro > Zubiri

距離：18.7 公里，行走 7 小時，累計 45.7 公里

高度：爬升 385 米、下降 750 米

好像在路上

鬧鐘五點半準時響，我睜開眼睛用力把它關掉，改成七點，今日無法早起。但七點我仍然無法起身，賴在床上厭世地滑手機，昨日種種依然驚魂未定，轉頭發現所有室友都做著同樣的事，沒有人想下床，這實在太好笑了。我想我們應該從聖城（Santiago de Compostela）倒著走回來，把庇里牛斯山放在壓軸才對。

早餐是跟青旅預訂的，極為豐盛，感覺自己像個富豪一樣，吃完磨磨蹭蹭到九點才出門。小鎮在和煦的陽光下讓人平靜，我試著忘記昨天多麼累人。一邊走，一邊打開應用程式，拿捏不定主意，究竟要不要先確認今天的目的地？要先尋找住宿嗎？我不想要每天為住宿煩惱，我想要很隨興地行走，不被行

程絆住，但連續兩日的人潮以及滿房程度都讓人格外焦慮。

路上正巧遇見兩位很有氣質的阿姨，她們也來自台灣，簡單自我介紹後，聊起訂房，阿姨說她們也沒有預訂，隨遇而安就好：「不挑的話什麼地方都能住」，這才讓我吃了定心丸，暫且擱下心中的懸念，「大不了，就再往下一站吧！」

∞

行走時沿路都在回想昨日的細節，像在看一部剛剪輯好的電影——

天色微亮的山路，身體彷彿被遠方的日出緩緩撐扶，走了一個多小時逐漸感到腿痠，卻發現山區的起點才正要開始。白天有兩架直升機在上空盤旋，不知道發生什麼事，直升機若出現在蘭嶼，表示島上有急重症病患需要後送返台就醫，所以此時也微微擔心。不論他們在找什麼，希望最終一切平安。

很慶幸有幾段路能和Charlene同行，雖然彼此交談不多，但偶爾幫對方加油打氣是前進的動力。過了山頂後沒再遇見她，今天也都沒見到，有一點擔心，希望她順利

下山。

我最害怕的路段不是山頂，而是下到半山腰之後，開始出現不同的岔路與斜長陡坡，走了一小段覺得不太對勁，而肩膀上沉甸甸的負重和身體的疲憊，也讓自己不敢貿然走下去。突然間，我想起朝聖者辦公室給的地圖，拿出來仔細比對後，發現那就是志工畫重點標示的岔路，他特別強調路滑危險不要走（但它確實是原始路徑），右邊則有一條同樣標示著黃色箭頭的自行車替代道路，我便依循建議改道了。一開始後面還有幾位朝聖者跟上，後來大家距離逐漸拉開，漫長一段只剩下我自己，時間大約是下午四點多，這個時間還待在山上並不安全，但也不敢走得太急，擔心步調一亂就讓自己受傷。一路除了「加油！」之外，我對自己重複講最多遍的話就是「不要跌倒，我會揍妳。」

經歷九彎十八拐，終於抵達平地，Roncesvalles，那個稍早就知道已經滿房的小鎮，但我還是試探性走進庇護所，果不其然，前面排隊的人都被告知住房已滿，幸好我預

訂了下一個鎮，再走將近三公里就能到達。

然而，這三公里比想像中更漫長，整條路幾乎只剩下我，比原先的山路更孤寂，所有人都平安下山了嗎？是不是都順利停留在Roncesvalles？一改山上一望無際的遼闊，這段路被高聳的樹林包圍，微微濕冷幽暗，我又想起變態殺人魔，早知道這類電影不要看太多。同時我的腿和肩膀非常痛，每一步都走得極為艱辛，就在快要哭出來的時候，終於看見房屋，Burguete到了！住進預訂的青旅，人比想像中少，時間是下午五點半，我走了整整十一個小時！但沒想到後面還有人陸續抵達，原來我不是最後一個，直到晚上八點多還有人辦理入住，甚至是搭計程車過來，每個人看起來都疲憊不堪，辛苦了。

∞

今天仍是無限循環的上坡下坡，令人厭世，我試著轉移注意力，例如觀察路上的朝聖者，偶爾也聊上幾句話。那個走路一拐一拐的亞洲女孩來自加州，父母親是香港

人，她的腳在昨天受了傷，走幾步就必須停下來按摩。除了稍早遇見的氣質阿姨之外，我還遇到另一組台灣人，年紀同樣稍長些，其中一位不停忙著打電話訂房，我不敢在她周圍停留太久，因為會被那股焦慮氛圍感染。有著一頭黑長髮的韓國女孩，我好像在前往Montparnasse車站的地鐵上就見過，當時特別關注和我一樣背著大背包的人。

半途休息時，我注意到鄰座的韓國大叔，他沉靜盯著眼前的水杯，緩慢一口一口喝下，舉止有股虔敬感。後來在庇護所相遇，他看著我說道：「啊，妳也在這裡！」雖然稍早只是幾分鐘的眼神交會，但再一次碰面時，好像已經對彼此熟悉，我再次感受到朝聖者之間的惺惺相惜。大叔曾經修習中文並在中國往返出差，所以中文相當流利。另外，還有幾對夫妻，其中一對是來自西雅圖的Sue和Ray，他們總是活力充沛，讓周邊的人不自覺也充滿能量。

我依然走得很慢，喝掉很多柳橙汁，走進Zubiri時大約四點，覺得是時候休息。小

鎮入口的看板標示了超市、庇護所、酒館的位置，我和一位美國大叔不約而同停下，呆呆看了許久，他回頭對我說：「這正是我們需要的啊。」

一條溪流經這座小鎮，許多人脫掉鞋襪踩水和泡腳，我順利找到公立庇護所入住，也陸續遇見路上打過招呼的人，平安就好。晚上太累了，我不想煮飯也不想外食，去超市買了些能夠隨便填肚子的食物，一包生菜、一個甜甜圈和一瓶可樂，真的很隨便，胡亂地吃飽後進入寫字時光。

這家庇護所大得驚人，有足夠寬敞的草皮可以曬太陽，我把自己和昨夜洗曬沒乾的衣服一起攤開在陽光下。旁邊那一桌義大利青年正在開派對，滿桌子紅酒、啤酒和餅乾，歡聲笑鬧，音量很是驚人。廚房瀰漫著香味，一位韓國歐膩用自己帶的韓式辣醬炒了馬鈴薯和通心粉，讓人好想去蹭飯。坐在階梯左側的女孩長得很好看，抱著吉他彈唱，偶爾會停下來，在筆記本上快速寫些東西，像是在譜曲，隨身攜帶吉他行走好厲害。階梯右側的老紳士戴著西部牛仔帽，他看起來非常苦惱，一邊翻著手裡的書，

一邊打電話，原來庇護所客滿了，鎮上其他住宿也都滿房，他正在苦尋。不久後又來了一位大叔，同樣找不到房間，兩位陌生人攀談之後決定招來計程車，一起前往下一個小鎮。看著他們對彼此露出寬慰的笑容，突然也為他們開心。

明天，明天又會是什麼樣子呢？

小碎語

曾走過法國路線的友人逸庭，此刻人也在歐洲，走另外兩條路線。他分享在網路上找到了Charlene公開的旅記，讀完我忍不住發笑，因爲看見了自己的背影，每張照片都很厭世頹廢，我會是朝聖之路最厭世的人嗎？不過，透過旅記知道 Charlene平安就好。此外看到她很精確記下每日花費，反思自己是不是也該做這件事？我有設定每日花費上限、知道可用額度多寡，也許不需要記錄，倒是想起她，就好想給自己買件舒服的洋裝啊。

1

2

1 天亮出門前才仔細端詳Burguete，也是出發後第一次抬頭仰望教堂，十字架默默給了我一股安定力量。

2 橋的另一端就是Zubiri，我感覺自己準備起跑，搶攻一張庇護所床位。

Day 03

2022.9.9

Zubiri > Ilarratz > Urdániz > Larrasoaña > Akerreta > Zuriaín > Irotz > Trinidad de Arre > Villava > Burlada > Pamplona

距離：20.4 公里，行走 6 小時，累計 66.1 公里

高度：爬升 456 米、下降 542 米

進城

沒想到住宿會是一場不容小覷的競爭，我用金錢實際體驗到教訓了。本來想 Pamplona 是大城市，庇護所多、床位也夠多，不太可能找不到地方住，就放心出門。半路在 Ilarraz 遇到 Charlene，她說因為假日、奔牛節，以及 Pamplona 是觀光大城的緣故，訂房非常滿，她思慮後訂了一間不在路徑上的飯店，需要轉乘公車前往，房價稍貴些，一晚六十六歐元，若我需要的話可以一起住。我沒有立即答應，心想反正很早出門，二十公里也不遠，早點抵達一定能找到住處。

很喜歡今早的步調，大約七點半出門，多雲陰天，溫度不會太熱，但因為早餐只吃了甜甜圈和果汁，肚子感到空虛，我是中南部長大的孩子啊，好渴望熱湯鹹食。沿途小鎮之間距離

不遠，走起來沒有前兩日那麼痛苦了，或者說，痛苦程度遠遠比不上第一日。聽說Pamplona是法國路線行經的第一座大城市，適合逛街漫步，如此想著，一路上心情都很愉悅。

接近中午時走到Irotz，整個鎮只有一家小酒吧，我有內急，只好加入排隊行列，Charlene也剛好走到這裡，我們一起吃了午餐。後來發現，午餐是走路中最不需要的東西，食物進到肚子裡會讓人昏昏欲睡，而且體力大幅下降，也許是西班牙食物糖分和鹽分含量高的緣故，每次吃完午餐要再度出發時，都感覺雙腿像綁了千斤錘，舉步維艱。我決定明天起，要把午餐攝取量降到最低。

忘記走了多久，印象中距離Pamplona只剩下四分之一路程，前方卻迎來一個登山步道，我倒退幾步觀望許久，確認離線地圖的指引沒錯，一旁的入口告示牌殘忍地揭示坡度和總長度……為什麼沒有人告訴我還要爬山！到底還有幾個山！大部分朝聖者都停了下來，在不遠處的樹下休息乘涼，我決定咬牙踏上步道，盡快走完這一段。常聽人家說，走在朝聖之路的人偶爾會哭，可以理解，因為當走了五個小時、太陽正

不留情的炙烤頭頂時，眼前又出現一條陡長階梯，我是滿想哭的。

不知道為什麼上山後沒遇到太多人，後面也沒有人超車，翻過山丘，拖著快失去知覺的腳走到 Trinidad de Arre，才在教堂門口遇見零星幾個人。我走進教堂蓋印章，接著想找商店買飲料，卻怎麼樣都沒找到，只好繼續往前，街景越來越奇異，房子變得密集，所到之處從荒蕪到逐漸繁榮，走著走著竟然進入市區，有斑馬線和人行道，有汽機車和紅綠燈，甚至學校。剛好是放學時段，有人開車接送孩子，一些青少年騎著腳踏車呼嘯而過，偶有打扮時髦的都會上班族並行，這種感覺好奇妙。三天前，我和一群來自世界各地的朝聖者懷著各自心事走上朝聖之路，被崎嶇的路途弄得狼狽不堪，努力沉澱、持續探險的同時，忽然意識到「真正的」世界依然「正常」在運作，在這個被千萬名朝聖者路過的西班牙鬥牛城市，人們如常行走，如常生活。

在市區走了許久，偶爾瞧見幾張熟面孔，都是走路速度非常快的朝聖者，他們成群結隊，喜歡邊走邊停下來合照，或一定會停留在某個酒館休息、大聊特聊，不久後再

飛快地超車經過你身旁。另外有印象的是一對加拿大老夫婦，城市冗長的馬路有無數個紅綠燈，我們總是一起等待，紅燈讀秒就用來攀談，他們是Lina和Liriems。

∞

Pamplona入城前要先越過一座城牆，牆角叉路往左是公立庇護所，往右爬上城牆才能進城，我沒有左轉，選擇先進城。最痛苦的事情就是，你明明已經知道目的地在前方，卻還要爬過一座城牆，這到底是什麼意思，誰可以背我啊……擠出最後一點力氣終於進城，開始尋找住處準備安頓，但是，城裡果真沒有空房了，一家、兩家、三家，每家庇護所都搖搖頭，我和一些朝聖者像遊魂一樣四處飄蕩，不知人生方向。恍惚中再度遇見Lina和Liriems，他們早已預訂了五星酒店，兩人溫暖地領著我換到另一條街，一邊找旅館，一邊確認我的入住預算，我艱難擠出一個微笑，表示先看看再說，結果當然什麼都沒找到。走了幾條街、穿越幾條龍蛇混雜的小巷後，我揮手向他們道謝和道別，然後傳訊息給Charlene，請她收留我，她表示歡迎（再見了我的

三十三歐）。

相約晚點在公車站見，我走進街角最明亮的冰淇淋店，點了兩個口味站在路上怒吃一波。漫不經心沿教堂繞了市中心兩圈，我想，我真的不喜歡大城市，不想久留，也不想走進餐廳吃飯。那些能預先安排好吃大餐、確切拿捏每日行程的人是怎麼辦到的呢？光是安排每一晚的住宿就已經讓人好疲憊。

我們搭公車離開Pamplona，到距離路徑幾公里外的Zizur Mayor，住進一家四星級飯店。聽起來很荒謬沒錯，在朝聖之路的第三晚居然住飯店，說好的極簡生活呢？但除了對此滿懷感激之外，已沒有力氣檢討自己。

事後冷靜下來回想，也許回頭去城牆彼端的公立庇護所，還是能找到床位的，只要往回走，再翻越一次城牆就好，只是我當時不想這麼做。前兩日遇過一些人，他們因為太晚抵達找不到住處、也沒有體力再往下走，只能搭計程車去下一站找居所，當時我好奇：「他們隔天會回來補走完這一段嗎？」今日我有答案了，過去的就讓它過去，我們不回頭。

晚餐去超市大買特買，用新鮮美味的莓果搭配生菜沙拉，還買了氣泡水和果汁，終於吃了讓胃和心靈同步滿足的一餐，好快樂。房間裡有浴缸，Charlene分享她帶來的精油，我把自己浸泡在充滿香氣的熱水中，感覺身體大大地放鬆與修復。感謝不在預期中的豪華享受，但接下來的路途可要捏緊荷包，做好搶庇護所的作戰準備了。

小碎語

睡前聽Charlene說，登山步道附近有一條自行車道，同樣可前往 Pamplona，雖然路程比山路多了兩公里，但一路平坦、沒有階梯和陡坡，所以多數人都改走那條路，她也是，而且還比我早一個小時抵達。

翻越城牆初見Pamplona，但很快地我便想逃走。

1

2

1 怒吃冰淇淋，這是我在西班牙的第一支冰淇淋。

2 謝謝加拿大夫婦Lina和Liriems的溫暖。

2022.9.10

Day04

（從 Zizur Mayor 走路返回原路徑，到 Pamplona 下一個小鎮 Cizur Menor）

Zizur Mayor > Cizur Menor > Zariquiegui > Uterga > Muruzábal > Obanos > Puente la Reina

距離：24.1 公里，行走 6 小時，累計 90.1 公里

高度：爬升 483 米、下降 581 米

越過山丘

一天中最快樂的時光，就是走得疲憊不堪時爬進庇護所，順利找到空床位，卸下背包痛快洗個澡、洗衣服，有個日照充足的場域晾曬（通常晚上八點太陽下山前衣服就會乾），然後抬腿按摩，稍微發呆一會兒，散步去超市買食材，煮一頓簡單的晚餐，最後找一個角落慢慢寫日記。今天是中秋節，遠方的小島家人正在烤肉團圓，特地去到蘭嶼幫忙照顧書店的摯友張甜，說她也被部落的朋友約出門參加烤肉。

我與張甜相識於高中，忘記究竟怎麼成為生死之交，長大後各自經歷了親人死別，各自奔走於遠方，也曾短暫當過室友，即便彼此的聯絡不算黏膩，也始終將彼此放在心裡最重要的位置。她的先生 Jordane 是法國人，夫妻倆曾移居法國，後來又回

到台灣，我常羨慕她有機會在歐洲生活（儘管異國戀情對我而言實屬艱辛，從來沒有勇氣跨越），她則是對被海圍繞的小島嚮往不已：「我想去蘭嶼住一段時間，感受妳所感受的。」於是她來了，在我決心踏上朝聖之路時，她自告奮勇擔任代理店長，獨身前來陌生環境扛下瑣碎店務，同時陪伴貓咪、照顧我的家屋。感謝有她，我才能安心出走；也感謝Jordane的成全。

∞

昨晚得知今天也會爬山，我終於把手機裡的「Camino Ninja」與「Buen Camino」摸熟，兩個程式都將沿途海拔高度標示得很清楚，只要能先做好心理準備，先進行幾次深呼吸，接下來要爬幾座山就比較沒問題。出門時看著遠方的山景，我問自己，那就是待會兒要翻越的山丘吧？幸好吃了相當美味飽足的早餐，足夠讓我支撐一整天。

沿路是綿延不絕的麥田，這個季節好像正在休耕養土，大地只剩下枯草或燒乾的麥梗，但風景依然美麗。路上的朝聖者換了一批陌生面孔，不知道多數人是不是都在

Pamplona多做停留呢？

我和Charlene持續結伴行走，偶爾會分開，我們有各自習慣的速度，走在一起時就說說話，但也不過度打擾彼此，走著走著，再默默拉開距離，很喜歡像她這樣安靜的旅伴。她也主動聊起出發的原因，是因為人生被動式大摔一跤，才轉身投入這場未知旅程，感覺她用一種沉穩、靜慢的節奏在調適，不管是走路步伐或說話語速。聊到社會與職場，我想起在台北的時光，和後來不顧一切的移居。十二年不算漫長的職涯，經歷過幾家目前為止都仍喜愛的公司，從卡片文具代理一行初入社會，接著投入網拍微型創業，而後又回到職場，加入了雜誌媒體業。很幸運在媒體廣告部門一待將近七年，那段歷程讓腦袋和心變得十足豐厚，所學活用至今。

來到蘭嶼則是某種形式的出走。台北若干年，佔據生命中最長的部分。我在未知選擇的年歲裡停留，然後別無他想，只是靜靜過日子，偶爾回名義上的家鄉，火車客運高鐵搖晃；偶爾飛行流浪，在一萬英呎天邊俯瞰點點燈火，想自己也是其中一盞，忽

明忽暗。回家是形式上的名詞，但是，家在哪裡？我們如何確信，腳下的土地、眼前的樓房就是歸宿？戶籍落定，卻仍走在別人的風景裡，缺乏認同感的恐懼如同天羅地網，看不清前方，也嗅不出來路。台北若干年，我像一只擱淺的船，未抵明亮的港口，也無法隨浪啟程、重尋航向，而家鄉是已經不熟悉的遠方。

還有什麼地方仍未居住過呢？

我望向東海岸。

當我搜尋「台東、職缺」，第一個跳出來的便是位於蘭嶼的蘭恩文教基金會，他們需要一名企劃。我不假思索便投了履歷，辭職，搬家，在一個月內結束與台北十四年的牽絆。在蘭嶼所積累的歷練則是另一場奇幻旅程，顛覆既往經驗，收穫和震撼難以細數。這些都和小時候對未來的想像不太一樣，卻總算在開書店之前誤打誤撞當了一年地方記者，滿足採訪寫稿的夢想。

我想就是通過所有實在且接地氣的生存戰鬥，磨煉出更溫柔堅韌的心志，才足以坦

然面對內心的渴求，也終於明白當時為什麼堅持離開台北，擺脫制度、階級與績效考核的約束，去探索「若沒有那張名片，我是誰？」，了解生命有不同的維度，不必鑽研於套用普世的人生範本。

拾起與放下都是功課，藉由Charlene傾吐的故事，我再度回望了光鮮亮麗的過往，向年輕時的自己說了聲謝謝，謝謝在還不確定到底想要什麼的年紀裡，也曾那樣奮不顧身。

∞

不同於前三天，路上漸漸不再遇到其他人，記得第一次只剩自己單獨行走時還滿害怕的，但慢慢也就習慣這種孤獨，只要跟著黃色箭頭或貝殼圖案（我覺得它更像一道散發出去的光）就不會迷路，能夠順利走往下一個城鎮，前人留下的足跡指引著我們，總會去到該去的地方。

我調整了背包的肩帶長度，腰側背帶則調緊，靠在下腹部，也試著改用核心和臀部

的力量來走路，R曾說過，我走路好像都用錯力量，導致只有小腿肌用力。這幾日發現問題所在，我真的太依賴小腿了，它承受身體重量過多以致每晚都在哀嚎。今天改用核心和臀部的力量練習走一段後，腿和腳踝不再容易痠，鞋子也不磨後腳跟了，是很棒的進展，而肩膀負重的疼痛也慢慢消散，希望自己持續在走路中做調整，不要忘記這些正確方式。

海拔七百五十米高的寬恕之丘有一處紀念石碑，丘頂上矗立著歷代朝聖者群像，他們說這些相貌象徵朝聖之路的崛起和興衰。想不起來自己是什麼時候知道朝聖之路，最初想來的理由，已和此刻全然不同。路上很少被問起，目前只有韓國大叔問過，我說，單純就是想來看看它是什麼樣子，不過我又補充：「這些年一個人完成了很多事，我想知道，一個人還能夠做什麼？」所以我來了，其實每個朝聖者也都有滿肚子故事吧，靜靜等待被聆聽。

站在丘頂的我捨不得下山，貪戀高處的遼闊，有點明白為什麼許多人喜歡登山，因

為爬到峰頂那一刻，對陡坡的怨恨、過程的疲憊都能一掃而空。我想，也很難有機會重複踏上同一條路線、再看一次同樣的風景，所以更加珍惜此景此刻。

下山後經過了幾個小鎮，喜歡小鎮。Pamplona的繁榮和潛藏於街道的不安讓我有點驚懼，往後還會遇到幾個大城市，我先拉開一點距離觀望。

晚餐遇到一群韓國室友，他們居然相約一起煮飯！其他歐美人警告我們不要去廚房：「因為有亞洲人在，妳知道他們總是大火熱炒、善用香料，讓廚房香到不行」，更有人猜掌廚的肯定是台灣人，我點頭微笑附議。

但如假包換台灣人我本人，晚餐吃泡麵加蛋。

喜歡從高處向下望，爬坡的過程儘管難受，但走上來一切都值得了。

Day05

2022.9.11

Puente la Reina > Mañeru > Cirauqui > Lorca > Villatuerta > Estella

距離：22 公里，行走 7.5 小時，累計 112 公里

高度：爬升 498 米、下降 426 米

失物

我把登山杖弄丟了。

一早起床，還聽 Charlene 聊到今晚想下榻的小鎮會有迪卡儂，可以添購一些裝備，聽起來很棒，我想買件柔軟的衣服睡覺時穿，也想買個露營用的杯子，用來喝熱茶或吃麥片都很方便，不過沒有買到也沒關係，都不是急缺或必要的物件。

然後我的登山杖就不見了。

行走在炎熱的午後，走到 Villatuerta 時，水壺裡的水剛好喝光，熱到頭昏眼花的我想趕快找地方坐下來大量補充水分。我略過了第一個酒吧，討厭人多的地方，但往後走，卻再也沒有看見商店或補水站，快把整個小鎮走完才趕緊回頭。還好，在一個公園對面的街角找到自動販賣機，努力挖出口袋裡的銅板

買了一瓶水，然後走向公園，坐在一張舒適的桌椅休息，緩緩喝水、吃出門前預煮好的雞蛋。桌椅旁不到五公尺處有一個無障礙公廁，我打開門，確認地板乾淨無積水，就把背包拎著入內，使用過程中有人敲門，聽見孩子們在外頭跑步嬉笑，但他們很快便離開。

走出公廁時，感覺手邊少了什麼，才意識到剛剛忘記拿登山杖，它被我擱置在桌子旁，但此刻已不見蹤影。我跑回廁所裡、跑到對角的販賣機旁、再回到公園附近，確認自己沒有眼花，登山杖確實已憑空消失，在我進入廁所那短短幾分鐘內。

一臉愁容的我站在公園外，一位居民熱心來指路，我轉達登山杖的事，他立刻把公園裡正在運動的鄰居們喚來，但所有人都聽不懂英語，只能仰賴翻譯軟體、比手畫腳溝通，同時他們也將附近玩耍的孩子們都叫來詢問，一起沿著人行道尋找，卻仍一無所獲。幫我指路的那位居民猜想，也許是被其他路過的朝聖者拿走了，我沉默幾秒，回覆道：「沒關係，如果那個人比我更需要的話」，他望著我眼神流露惋惜，我則用

西班牙語傳達了感謝，臨走前，他再度輕拍我肩膀送上祝福：「希望妳順利」。失神的我沒留意路徑指標，不小心又在小鎮裡迷路，幸好再度遇上好心人指引，小鎮居民對待朝聖者總是很友善，真心感謝。

沒有登山杖的我走起路來好像失去依靠。過去不曾有機會使用登山杖，但出發後短短幾天，它們已經成為非常重要的心靈支柱，攀爬庇里牛斯山和寬恕之丘時，我不只一次將登山杖高舉，靠近眉心，對它們說謝謝，謝謝支撐與陪伴，還預想回家後要把它們掛在最醒目處來作紀念……，真心希望帶走登山杖的人一路平安，祝福。

∞

失去隨身之物前，精神狀態其實很好，清晨烏雲密布，溫度微涼，走起路來非常舒適，走過一望無際的麥田後，逐漸進入到葡萄結實纍纍的田野，也走過第一個葡萄酒莊園。小鎮居民正在佈置市集，現場有好多看起來相當美味的小點，尤其是放在麵包上的巨型乳酪，饞得我口水直流。但是當時才早上八點半，已經吃過早餐的我不敢再

吃東西，怕高熱量食物一進到肚子，整日就直接宣告結束，不必再往前走了。不過，相信接下來的路途還是有機會吃到。

傍晚入住庇護所，接待的志工非常細心，帶著我一一導覽床位和公共空間，也提供了溫柔的問候，再三確認我是否還需要其他幫助。但是交流過程中，我查覺到對方有些細節反應別於常人，例如無法直接找零，而是需要先換鈔，再請我用換好的小鈔支付，又例如稍早我已選妥床位，並幫比較晚到的Charlene預留，志工也確認過並填寫表單，但Charlene抵達時他已不記得這件事。

後來我在大廳閒晃，才發現這家庇護所是由納瓦拉自治區（Navarra）的ANFAS協會（Anfas Navarra）所創立，協會關注身心障礙者，提供空間和工作機會有利於他們適應社會和參與群體，方才的志工便是協會培力對象之一。除了提供志願服務管道，庇護所內的無障礙設施也很完整，好安頓有同樣需求的朝聖者。

儘管溝通有些小插曲，但我對於志工所打理的環境感到相當佩服，尤其進入廚房、

打開櫥櫃時簡直驚呆了，那裡頭應有盡有，遠超過實際住客總數的需求，各種大小和不同功用的鍋具刀具與器皿皆備，調味料也相當充足，而且擺放得十分整齊、一目了然，滿足了我們在異國他鄉好好下廚做一頓飯的念想。

我和Charlene洗完澡再度散步去超市，買了一大袋食材回來，進廚房時正好遇見前幾日那位很會煮飯的韓國歐膩，她問我晚餐吃了或是買了嗎？當下好想把手邊的購物袋藏起來、對她搖搖頭說還沒，因為我好想吃她煮的飯菜啊！

這幾日常遇到這對夫妻，他們總是手牽手走路，手痠了就換到另一邊，偶爾改成搭肩或挽著手往前，我想，能牽手一起走完朝聖之路的伴侶，也許能一路走到白頭吧。

Day 06

2022.9.12

Estella > Ayegui > Irache > Ázqueta > Villamayor de Monjardín > Los Arcos

距離：21.5 公里，行走 7.5 小時，累計 133.4 公里

高度：爬升 465 米、下降 440 米

愛的問答題

很晚才起床，因為要等迪卡儂開門，買新的登山杖。在店裡挑半天還是購入了同款式和同顏色，但不知道為什麼，握在手裡感覺不太一樣，新的好像更適合自己，也更堅固？總之買妥後心也安穩了，再度出發。

路上遇到的人少之又少，畢竟耽擱到九點多才啟程，大家應該都已經走八、九公里了吧？Charlene仍在身邊，但我知道我們即將分開，腳受過傷的她決定放慢速度，最遠只到距離Estella大約九公里處的Villamayor de Monjardín，而我想要繼續往前走，去Los Arcos。

今日路途的高潮就是Irache的免費酒泉，我們抵達時，前面

幾位義大利男士正開懷暢飲中，場面極為歡樂。我沒有買杯子，就用水壺的杯蓋盛酒喝，和Charlene輪流各喝了兩杯，有一種放縱的快感。酒嚐起來味道偏酸，他們說這是年份比較新的酒，另一個水龍頭則供應水，但我想它應該常被忽略，多數人眼裡可能只有酒。義大利男士們離開前還不忘用寶特瓶多裝了些，我真想看看他們要喝多少才能醉倒在路邊。

依依不捨揮別免費酒泉，走到轉彎處，發現一輛警車擋在路口，剛才早我們一步離開的男士們都遭攔截，莫非是要進行酒測？好奇且忐忑不安地走上前，才發現警察正在幫大家的朝聖者護照蓋章，這是什麼橋段呢，我們在現場快笑瘋，也拿出護照乖乖繳械投誠，還跟警員們大合照，現場歡樂得像是一起醉了。

∞

離開Irache後，我和Charlene的步伐距離越拉越長，我又回到一個人，獨自走在

十二公里漫無人煙的長路，偶爾零星遇見幾名朝聖者，都很面生，其中一組是小家庭，夫妻倆推著嬰兒車，小孩看起來只有兩歲左右，難以想像他們如何翻越庇里牛斯山。他們行走速度很慢，但我也是，總覺得腳程快不起來，都六天了，我仍無法掌握走路的速度，休息頻率也極為紊亂。

今夜仍謹慎地預先訂房，該庇護所要求最晚下午三點前必須抵達，我覺得好逼人，畢竟我九點半才啟程啊。我盡可能地疾走，同時不斷擦汗和補充水分，高溫是出發前沒預想到的，這段路沒有太多樹蔭，氣溫可能直逼四十度，頭頂感覺快要冒煙。我喝了大量的水，也許是近年來的總和，其中一段路忍不住撐開雨傘，用下巴夾著繼續行走，幸好四下無人，這動作實在滑稽又笨拙。

∞

我終於向小島家人Oyatan述說了我的旅途，在出發之前，很少有人知道，這是蘭

嶼教會我的生存法則，還沒達成的事情不能說出口，身體先到，話語在後。Oyatan說我是個「浪漫又直接的勇者」，啊，我從沒想過浪漫和直接可以同時存在，但很高興我是這樣的人。她還說：「希望妳能找到妳想要的平靜在路上，或大胸肌帥哥男友」，怎麼兩者聽起來都很不錯呢？雖然我沒想過會發生什麼，「想追妳也一定要是個直接了當的人！」多麼美的補述，謝謝Oyatan的祝福。

關於愛，現在想要的到底是什麼？今天終於靜下來想了又想，但走著走著又沒有答案了，可能拉開的距離還不夠吧。曾在網路上看過這段話：「愛就是極其艱難地意識到——在自我之外還有別的東西同樣真實。愛就是對現實的發現。」我希望在愛裡有更多的勇敢，包括愛自己的部分，目前想到的只有這樣。路途已累積超過一百公里，時間和空間感變得很巨大，以為已經過了很久，其實只是幾天；以為走了很遠，可是再怎麼遠，都仍走在自己心裡面的迴圈。

那些比較眼熟的朝聖者大概已經走到好幾個城鎮之外，可能還會遇見，也可能不會，這些幾面之緣難以預測。夜裡下起大雷雨，也是我在西班牙遇到的第一場雨，九點不到已累，晚安。

小碎語

- 去買菜時超市還在午休，和幾位朝聖者在門口等待，很佩服西班牙人重視休息，尤其是星期日，幾乎不會有任何店家開門。
- 庇護所的室友年齡都偏高，但我發現自己喜歡跟長輩們共處一室。
- 那位安靜且瘦弱的大哥好像日本人，路上還沒遇過日本人，下次想找機會向他問好。
- 在另一家庇護所門口聽見歡樂的歌聲，從窗戶望進去，發現他們正要吃朝聖者晚餐，好羨慕，我也想快點吃到。

1

2

1 令人欲罷不能的Irache免費酒泉。

2 第一次心甘情願被警察攔下。

Day 07

2022.9.13（發現我在日記本把日期寫成 9 月 12 日，果然是喝醉了）

Los Arcos > Sansol > Torres del Río > Viana > Logroño

距離：27.9 公里，行走 8 小時，累計 161.3 公里

高度：爬升 491 米、下降 557 米

喝醉

鬧鐘不約而同響起，有一種部隊起床的錯覺（雖然我沒當過兵），所有人迅速跳離床鋪、打包收拾，把出門弄得像備戰。我懶洋洋的下床，發現下鋪那位義大利男子還在熟睡，他不知道自己昨晚在夢中高聲歌唱，把整間房的人都驚醒了。

庇護所有提供早餐，是冰冷的麵包和簡單果醬，我很慶幸提早買了兩根香蕉帶在身上，吃過麵包就在天未亮前出發。

氣象預報說可能會下雨，也許是昨夜的雷雨還沒下夠，邊走邊想今天要走幾公里比較合適？烏雲一直壓得很低，有風，吹在身上涼涼的。我再度遇見來自西雅圖的 Sue 和 Ray，我們聊了一小段路。可以從頭來過的話，真希望我高中不要放棄學

習英文，一路上認識不少人，卻沒有辦法聊得太多或太久，只怪我的字彙量太少了。Sue總是精神奕奕，大老遠就能從背影認出我，中氣十足地打招呼：「嘿，娃娃！」讓人精神也為之一振，但是要跟上他們的步伐對我來說有些吃力，有時候幾乎要小跑步才能追上。

有一位背著湖藍色背包的姐姐走路速度跟我很像，我們偶爾會聊上幾句，她的話不多，總以溫柔的微笑取代寒暄，她說喜歡以不趕路的方式前進，預計每天走個十公里慢行就好。

我們各自在中午前抵達Viana，進城先被一座大型鬥牛場吸引，這才想起西班牙以鬥牛著稱，不知道現在還有這樣的活動嗎？往城裡走，發現路上非常熱鬧，街道擠得水洩不通，居民都穿白色衣服、脖子繫紅色領巾。人們聚集在教堂周圍享用聖餐，說說笑笑，打聽後才知道這是他們紀念涅瓦聖母的慶祝活動（Fiestas en honor a la Virgen de Nieva），午後街區會圍上柵欄，把牛群釋放出來，讓牠們在柵欄內的街道

上奔跑，最後引導至鬥牛場，完成類似奔牛節的重頭戲。此外也有各式各樣的遊行和音樂表演，離鬥牛場較遠的廣場設有適合小孩的遊戲區，充氣的公牛玩偶在現場狂奔，把小孩們逗得笑聲不斷，同時還有比賽，與公牛玩偶一對一單挑，小孩要想辦法閃過公牛的衝撞。這些小孩律動感都很好，閃躲的同時，身體還呼應場邊的音樂扭動，讓我這律動障礙者羨慕不已。

可惜重頭戲下午兩點才開始，我沒有打算留下來，停留一陣子後緩緩挪步離開，湖藍色背包姐姐決定在Viana住一晚，幸運的她應該會如願看見奔牛吧。

途中喝了一杯現榨柳橙汁，為身體添加許多動力，香蕉、現榨柳橙汁、乾淨明亮的庇護所，這三樣是日日最渴望的事物。

∞

抵達目的地Logroño大約三點，今晚沒有住在庇護所，訂了一間價格迷人的青旅，

雖然也是背包床，但床鋪好大、隔離起來相當隱密，還提供乾淨的毯子和極為寬敞的置物櫃，令人感動啊。Logroño是美食之都，我提前打聽到城裡有條小吃街，街上店挨著店有各種美味Tapas小食，洗完澡等頭髮乾的空檔，便爬文搜尋附近的吃食。

出門先去參觀宏偉的天主堂，詩歌班正在裡頭唱誦，我站在門邊遠遠聆聽，一股平靜襲上心頭。教堂周圍商店林立，走著走著，竟走進一條冰淇淋街，幾乎每三步就有一家冰淇淋店，我選了其中一家，在冰櫃前猶豫好久，最後選了Mojito（傳統的古巴高球雞尾酒）口味——我的天，好吃極了！我可以一口氣吃三支！

戀戀不捨吃完冰淇淋後迎頭撞見博物館，便走了進去。館內的常設展是拉里奧哈省（La Rioja）從古羅馬時代至現代的工藝精品，也有許多美麗的宗教雕塑，我沒想到朝聖路上能有機會看展，是意外的收穫。

本來想去吃聞名的蒜蘑菇小吃，據說是幾十年老店，只賣一道料理，光是這道料理就遠近馳名。無奈它臨時店休，只好隨意找家明亮的酒館，點一杯Sangría（西班牙常

見的水果酒），選了份淡菜當作下酒菜，價格並不高，但實為美味。淡菜上鋪滿令人畏懼的紅蘿蔔，但我竟莫名其妙吃完了，不像往日一般挑食。Sangría後勁很強，也可能是我原先空腹又大口喝的緣故，酒精很快便在體內奔騰，開始感到頭暈目眩，我假裝若無其事地起身結帳，緩緩朝青旅方向走去。

穿越小吃街，此時已近傍晚，路上食客多了起來，大部分店家門口都有高桌，人們就站在高桌旁小酌與品嚐美食，這讓我想起立呑壽司。嚥了嚥口水，默默記下一些稍晚回來想吃的東西，一回房間沾到床我就昏睡過去，把自己埋在毯子裡，睡了深沉的一覺。醒來時已經是晚上十點，平時在庇護所的熄燈時間，但青旅沒有門禁，於是我再度出門。

走了兩三圈後發現自己並不餓，沒有特別想吃什麼，也許是已漸漸習慣早睡早起、早點吃完三餐，也許是一週來很少在太陽下山後出門（通常八、九點才天黑），獨自走在街上竟有點心慌，看著川流不息的小店和巷弄，決定讓衣服沾染一點食物香氣後便

離開。回程經過下午那家冰淇淋店，突然想用甜食來為今天收尾，我點了芒果和優格口味，在月光下穿越走過好幾遍的教堂廣場和長廊，我想，多年後想起自己深夜在西班牙小城散步吃冰淇淋的畫面，也會莞爾一笑吧。

明天試著不再訂房，走到哪裡就住到哪裡，好嗎？

小碎語

途中低頭在石板路上看見的鼓勵：*You are stronger than what you think.*（你比你想像的更堅強）。

1

2

1 在Viana巧遇紀念涅瓦聖母的慶祝活動。

2 路上常有人對著花草拍照，也聽過這樣的對話：「方便請教您剛剛拍的花叫什麼名字嗎？」，「我也不知道，所以拍下來回去問我老媽。」。

Day 08

2022.9.14

Logroño > Navarrete > Ventosa

距離：19.3 公里，行走 5 小時，累計 180.5 公里

高度：爬升 394 米、下降 141 米

撞牆

張甜傳訊息來報平安，她說眼睛不太舒服，疑似是眼角膜受傷，所幸到衛生所檢查與點藥後已無大礙。我反問她，是不是感應到了遠端的我正在哭泣？

早晨一睜開眼睛就撞牆了（非物理性），內心和身體都覺得無法走路，也許是宿醉還未清醒，真為自己的酒量汗顏。匆匆回覆完店務訊息後，腦袋仍然一片渾沌，我沒有預訂住宿，也不確定要去哪裡，就這麼茫然地出門了。

五個小時後走到Ventosa，或者更確切地說，是「爬」過來的，大概在小鎮前方五公里距離時，我已在心裡默念今天就到此為止，也努力祈禱小鎮裡唯一的庇護所仍有空床，能讓我住下來，能留一個位置給我，無論如何，我已經無法再往下走了。

進屋時已有不少人在等候，志工請我稍等，她先帶幾位已辦理入住的朝聖者上樓。玄關正燃著好聞的線香，讓人想起瑜伽當中的大休息，沉靜與安放自己，腳下的地板是復古橘紅色磁磚，交誼廳的長餐桌與靠背餐椅擺放得十分整齊，一旁還有壁爐。志工長得非常美麗，有著拉丁美洲輪廓，說一口流利的英語、西班牙語和法語，視護照身分來切換語言對應，令人感到安心。她重複盤點已入房人數和預訂人數後，抬頭告訴我沒有問題，可以入住，登記完資料便把我帶到房間。

當時房裡正好無人，把背包往地板一擱，勞累和倦怠突然湧上，我莫名哭了起來，眼淚同步感覺到身體的鬆懈，拼命釋放。我什麼都不想做，只想坐在地上好好哭一場，直到聽見身後又有腳步聲，才把眼淚收拾乾淨，打開背包如常洗澡洗衣，如常整理。

庇護所裡有個溫馨小巧的廚房，洗衣間很寬敞，庭院大到足以曬衣服和曬所有住客，我很快便物色好要用來寫日記的位置。抬頭可以看見綠色植物攀附著樓梯扶手和

屋頂，每個空間都是暖色調，隨處都整理得一絲不苟但不失溫度，我可以想到許多文字來形容這家庇護所，但無法敘述路途經過的事，努力回想也只記得葡萄園、泥土、馬路，以及早晨遇見的西班牙男子。

他說，這是他第五次走法國路線，但前幾次都不是全程，有時從半途啟程、有時只走其中一小段，這是第一次從起點挑戰至終點。有個人在旁邊稍微說點話很好，但太多就不行，聊了兩公里大概已到我的極限，但因為步伐相當，我始終無法擺脫他，眼見他話越來越多、兀自講個不停，我開始感到頭痛，真的無法忍受喋喋不休的男人啊。

幸好抵達Navarrete時他便打算休息，他也是慢行人，一天不走超過十公里，很開心能就此揮別。路上還遇見一位來自智利的姐姐，她非常爽朗，我從來沒去過南美洲，但從她身上，彷彿也能感受到屬於該國度的不羈與熱情。

∞

我鮮少這麼早抵達庇護所，梳洗略作休息後，時間才來到下午兩點，其他歐洲室友在庭院裡開了紅酒，進入小酌時光，喝點酒對他們來說更像休息，而且是幾乎人手一瓶。有人遞上空杯，問我要不要來一點？我決定出門散步，防止有人再塞酒給我。

出門不久遇見一位白髮爺爺，其實幾小時前我們打過照面，他當時坐在路旁休息，看起來已經累壞，但臉上仍掛著和藹的笑容。他走路速度可能只有我的十分之一，也比我晚了幾小時才來到Ventosa，他問我庇護所是否在前方？我點點頭，他開心地走上前，但不久後便離開庇護所繼續往前走去，滿房了。他的腳程真的很緩慢，我甚至不知道他能不能走到下一站，下一站有十公里遠，此時已經下午三點了。我覺得很難受，告訴逸庭這件事，但他反過來安慰我，歐洲老人都很堅強，如果走不了相信他會有辦法，例如叫計程車：「十公里是不短，但是還有時間啊！慢慢走，慢慢休息總會到。」「妳也試著把自己的時間延長一點看看，不是說妳要晚點到，是妳總有一種『擔

心過了幾點以後就糟了』的感覺。」

對啊，為什麼呢？

對老人的掛念稍微放下一些，張甜也說歐洲老人很獨立，沒有問題的。

我想問題比較大的應該是我。

∞

這是一個可以全然放空的小鎮，連一家超市或雜貨店都沒有，僅有一座養蜂場附設酒吧，我想吃點熱食，但酒吧晚上七點後才供餐，不知該如何是好，隨即腦波弱的點了店家推薦的特製蜂蜜啤酒（說好的不喝酒呢）。鄰桌都是室友，大家很熱情向我招手：「來吧，加入我們！」各種溫暖邀請，但我總是略帶歉意回絕，啊，抱歉，現在不行。我也不知道什麼時候才行，可能一直都不太行。

張甜說，部落裡有些人對我的評價是：「冷冷的，不太好相處。」「比較嚴肅，很難深入聊天。」她問我為什麼把自己閉鎖起來了？我不知道，我好像總是把日子過得太

擁擠，有時極需花時間去釐清距離，緩解內心的衝擊。人與人、話語和行為模式，彷彿成為這幾年的課題，讓我反覆自我詰問和思辨。也許是島嶼的高度流動性，讓關係和信任感變得撲朔迷離，我試著保持孤獨，試著遠離過多的交際，努力去理解某些人事物內在外在的不一致，也專注於分辨情感的真實性。我沒辦法一時半刻說得仔細，我沒有立即回答張甜。

啤酒進到胃裡，身體打了幾個冷顫，距離供餐還有許久，也不想再等了，於是我回到庇護所覓食。為解決小鎮沒有超市的問題，庇護所內設置了小販賣區，有微波食品、乳製品和少量生鮮蔬果，當然也有紅酒，我買了洋蔥、番茄和雞蛋，以及西班牙泡麵，用這些食材煮一頓味道熟悉的晚餐沒問題。廚房開始有人群聚集，有人唱起歌來，其他人都跟著應和，空氣中滿溢著微醺的開懷。一位老先生指著我嘰哩咕嚕說了一句話，旁邊兩位荷蘭奶奶轉譯：「他說妳長得很漂亮！」喜孜孜道謝後，奶奶又問我：「妳是學生嗎？」，我簡直要飛上天，明天有力氣繼續走路了，想要的幸福就是

這麼簡單。

其實目前為止，在朝聖之路上很難感受到真正的孤獨，路上持續有人，有時候是一公里的差距，有時候只是幾公尺，住進庇護所更免不了群聚，有時六、七人，有時三十人或上百人。隨著行走的天數漸長，人們的面孔也逐漸熟悉，有時反而要確定某幾個人還在，才能感到安心，像那位總是問我「今天還好嗎？」的英國男孩，或是看見我平安抵達，會鬆一口氣的韓國大叔：「啊，妳也在這裡！」，但這只是第八天，後面的路還長著。

真心喜歡偏僻的小鎮，還有前不著村後不著店、只有我們與我們的小小庇護所。

溫暖寧靜的庇護所角落，讓我想起瑜伽當中的大休息。

Day 09

2022.9.15

Ventosa > Nájera > Azofra > Cirueña > Santo Domingo de la Calzada

距離：31.3 公里，行走 9 小時，累計 211.7 公里

高度：爬升 465 米、下降 456 米

進入狀況

「在繁星原野之地，遇見過往與未來的自己。」

認識逸庭是偶然的緣分，今年四月他隨徒步環島的朋友來到蘭嶼，有人在書店裡認出他的書《平凡的朝聖者之路》，遂引薦我們認識，我很意外能在出發前遇見走過朝聖之路的人，冥冥中前來，給予我許多指引。於是也邀請他到書店分享旅途見聞，並參考書中文字，為分享會寫下這段小標。早晨走在一片廣袤的原野，忽然想起這句話，看著眼前無限延展的原野，想著一直沒有機會抬頭仰望的星空，不知道從星星的視角俯瞰，走在路上的我們會是什麼模樣呢？

大休息過後，我終於迎來單日行走三十公里的奇蹟，目前為止則累計行走兩百公里了。思緒和緩地走過一個、兩個、三個

城鎮，不再為住宿憂慮，不做停頓太久的休息，每個城鎮距離都有點遠，但我並不著急，在相對緩慢的行進中感受身體想要停止還是繼續，然後在剛剛好的時間走進庇護所，剛剛好仍有床位，剛剛好歇息。

走完三十公里並不覺得累，放鬆下來感覺身體熱熱的，情緒有點亢奮，腳底板微微抽筋。

∞

Santo Domingo de la Calzada有幾座美麗的教堂，持朝聖者護照就可以買到五歐元的套票，一口氣參觀全部。其中一座教堂有公雞煮熟後復活的傳說，因此教堂內的壁畫和雕塑都能看見雞的身影，教堂本身很美，讓人徘徊久久不想離開。除了瀏覽當地的人文歷史和藝術之外，教堂內正在展覽由朝聖之路沿途教堂製作的印章，也有歷年的朝聖者護照與蜂蠟等，印章收集癖如我著實有點瘋狂。

Charlene說，累的時候在教堂待一會兒，很有治癒功效，果真，我在裡頭坐了一段時間，終於感受到上路以來的平靜，壓力頓時紓解。接著去逛隔壁的鐘樓，沿著石階慢慢向上走，不知道究竟爬了幾百階才抵達頂端，沿途有鐘擺的滴答聲陪伴。從鐘樓頂端俯瞰，整座城市相當壯觀，我第一次對西班牙的美麗感到震撼。鐘樓隔壁是無人小教堂，另一座更大的教堂距離約五百公尺，也相當華美，整個下午就在穿梭教堂中飽覽城市的工藝和人文。出來時仰望著天空，想起老友方康妮多年前曾經說過：「西班牙就是教堂、教堂，還有教堂。」走了這麼一段路確確實實明白了。

今晚入住的庇護所有兩百多個床位，房子很大，廚房或洗衣間都很遠，來回要爬兩三層樓，我的膝蓋不斷哀嚎，正好樓梯間擺了一張按摩椅，投一歐元可以按摩十五分鐘，按完果然有緩解一些，按摩椅真是造福世人的好發明。

晚餐沒有任何想法，逛完教堂已經快八點，街上的餐廳與酒館正熱鬧，但我不想外食。買完水果後發現一台漢堡自動販賣機，好奇的我決定試試看，漢堡居然是熱的，

而且不難吃，搭配水果就是飽足的一餐。在交誼廳大快朵頤時，發現背影帥氣的葫蘆男也住在這裡——我幾乎每天都會遇見他，他走路速度極快，總是飛也似地超車，甚至不曾點頭打聲招呼，只甩下漸行漸遠的背影——想想真令人不服氣，我決定坐到他正前方的座位背對他，也讓他好好看一看我的背影。

∞

貼心的小島摯友林漢堡聽我說起撞牆的事，默默幫我抽了三張牌，得到的指引分別是：「指導靈們正積極地幫助指引你，祂們不會放棄你」、「我們不能永遠保持光明，但也不會永遠停在黑暗」、「允許自己的各種狀態，療癒自動發生」。漢堡是我的靈魂之友，每當我感到靈魂迷路，她總會帶給我一些可愛的觀點。像是蓋房子時，有段日子我什麼都不想做，只想找一片寧靜的海，靜靜在海裡待著，「待著」是藏人教我的詞彙，就是什麼也不做，只與自己共處。我有時一邊待著，又一邊焦慮於是不是應該趕進度、盡快面對現實，但是漢堡告訴我：「身體要緩慢的前進，等待一下靈魂。」靈

魂可能還在上一個情緒波段漫舞，要稍待片刻，等她來到下個波段，再和身體一起去做最重要的事。而沒來由頻繁想哭的日子裡，她也安慰我：「沒事，別怕，多哭幾次妳就習慣了。」

想起離開蘭嶼前，隨手在朋友家翻了《解答之書》，當時很好奇在路上會發生什麼事？翻開的那一頁寫道：「你會獲得許多支持。」

我漸漸能感受到了，真的。

廣袤的原野。

2022.9.16

Day 10

Santo Domingo de la Calzada > Grañón > Redecilla del Camino > Castidelgado > Viloria de Rioja > Villamayor del Río > Belorado > Tosantos > Villambistia

距離：28.9 公里，行走 8.5 小時，累計 240.6 公里

高度：爬升 458 米、下降 234 米

小鎮

住在大型庇護所有一種原班人馬會合的感覺，我遇見了上週同日出發的人們，真奇妙，不管每天走的里程數是多是少、速度是快是慢，總會在某個地點再度重逢，最近常說的話也變成：「能再見到你真好！」意味著彼此一切都好。

早上出發不久後就下起雨，大家紛紛穿雨衣、為背包套上防水套，我第一次打開新買的雨衣，研究了好久該怎麼穿比較方便，最後決定把它連同背包一起罩上，看起來像穿了件斗篷。防水套是亮橘色，雨衣是深藍，一改平日的全身黑裝扮，而霧茫茫的路途中不少人和我一樣色彩鮮明，眼前突然繽紛起來。半路又再次被葫蘆男超車，但他終於回過頭打招呼了，很燦爛地向我揮手說：「Hola!」，他長得可真好看。

我走了十公里才停下來吃早餐，最近挺喜歡這種模式，出門時只吃一根香蕉和果汁，大約走兩、三個小時後再坐下來尋覓熱食，有時吃馬鈴薯烘蛋，有時吃現烤麵包夾火腿或果醬，只要是熱食都能讓我開心。入秋之後氣溫逐漸降低，我也改喝熱飲好讓身體暖和，雨沒有打消走路的意志，吃飽飯便繼續啟程。

沿路除了雨，還多了汽車廢氣瀰漫在空氣裡，今天的路徑都與公路並行，然後看見一整片又一整片枯萎的向日葵田，之前聽聞西班牙正值乾旱期，但親眼見到仍然感到怵目驚心。雖然淋雨走路步伐更顯沉重，但我希望雨可以下久一點，救救這片乾枯的田野。

下午一點前走到了Belorado，許多朝聖者在這裡停下來，在庇護所前排隊，我覺得時間還早，想再多走一會兒，而且想住在更僻靜的小鎮，昨夜兩百多床的庇護所簡直引發了我的密集恐懼症，嘗試過一次就好。Belorado往下走四公里、兩公里、再兩公里都有小鎮，每個鎮都只有一家庇護所，規模也都不大。最後我停留在

Villambistia，它迷你到只需要五分鐘就能逛完，小鎮中心有一家酒吧，酒吧二樓就是庇護所。辦理入住時外頭坐滿客人，我正納悶為什麼來客數比供應的床位還多，後來才發現那些都是小鎮居民。也是，鎮上唯一的聚會所就是這裡了吧。

庇護所主人很親切，核對完護照後試著唸出我的名字拼音：「幸運？」哈，我的名字是幸運。

室友共十人，平均年齡五十歲，我又住進了長輩堆裡，但好喜歡這樣子。晚餐前我散步到教堂門口的草地曬太陽，遇見其中一位室友，是來自華盛頓的Scott，他正在寫日記，我也找了一棵樹坐下來寫。後來我們聊起天——我終於可以多說一點了，雖然字彙量依然貧瘠——我試著敘述書店、蘭嶼、島上的人們，以及這趟路出發和預計抵達的日期。Scott是位虔誠基督徒，說起話來像個有傳統思維的守舊派父親，他說妻子會到某個城市與他會合，也秀出孫子們的照片給我看。他問我一個人走在路上一定覺得孤單吧？我說當然不會，我很沉溺其中。他笑笑但表情不置可否，這種表情我很熟

悉，多年前一個人踏上環島旅途時，也有路人遞來同樣的表情，對方甚至再三確認：「妳真的不是離家出走？」

也許很多人不曾體會過孤獨的美好。在我十一歲的時候，曾被媽媽訓練過，一個人去銀行匯款、一個人去餐廳吃鐵板燒：「總有一天妳必須要一個人。」和我相差了四十歲，自知身體不好的她這麼說。跨越一個人吃飯的彆扭，爾後一個人看電影，一個人置身喧鬧的燒肉店，一個人去喜歡的海邊獨坐，一個人搭火車環島，一個人過除夕夜，一個人走上萬里長城……都是小事。我不是特別執著於孤獨的人，但孤獨時做的每件事，總會影響我生命良久，乃至最後一個人開了書店。

但我想說的是，選擇「一個人」只代表著我能夠獨立，但我並不孤獨。

∞

晚餐沒有其他選擇，大家一起在庇護所吃朝聖者晚餐，我終於吃到它了！我們圍坐一張長桌，桌上有麵包、一整瓶的紅酒和水，女主人手藝非常好，煮了蛤蜊通心粉

和香料烤雞腿，雞腿淋上酸甜的特製醬汁，超級美味，這是走路以來吃得最豐盛的一餐。我也喜歡庇護所的衛浴和走廊，看得出來主人很用心在佈置。

熄燈時間同樣是十點，但因為樓下是酒吧，夜裡難免喧鬧，寢室裡的長輩們似乎輾轉難眠。我坐在樓梯間用手機的手電筒寫日記，感受這座寂靜小鎮唯一的噪音，小鎮總面積大約只有蘭嶼國小那麼大，不知道居民有沒有超過三十人。也許未來再也沒有機會來到這裡了，一個以前從未聽過、現在也記不太住名字的小鎮，但我會一直記得庇護所女主人的廚藝與笑容。

休息時在陽光下盪了好久的鞦韆。

2022.9.17

Day 11

Villambistia > Espinosa del Camino > Villafranca Montes de Oca > San Juan de Ortega > Agés > Atapuerca > Villalval > Cardeñuela Riopico > Orbaneja Riopico

距離：31.6 公里，行走 9.5 小時，累計 272.2 公里

高度：爬升 534 米、下降 492 米

走吧，走吧

昨天又靜靜地哭了一回，在行經一大片麥田時，當時兀自哼著歌，唱起了〈愛的代價〉：「走吧走吧，人總要學著自己長大，走吧走吧，人生難免經歷苦痛掙扎。」眼淚突然流下，正好與前後的人都距離至少五百公尺遠，於是我任眼淚直流。

我媽媽很喜歡這首歌，而她在我二十歲時因肝癌末期過世，本就單親的我們只剩下我一個人。雖然曾有歸屬，以為流浪至終站，終於有了安定處，但對於「安定」這件事，我總是有太多的疑慮，不出幾年，便毅然離開歸屬，馱著增增減減的行囊，走出舒適圈，把生活重新洗牌，巨大的變動也常讓身邊的朋友驚嚇不已。

因為家庭關係，我相對早熟，自小就被教導要堅強獨立、內

斂壓抑，也因為家庭教育，我始終是個「利他」主義者，以他人需求為本位，把自己放在邊緣而非中心。直到離開生活許久的城市，又離開朝九晚五的社會體制後，我才感覺自己邁入新的人生階段——告別外在的眼光和期許，真正走入屬於個體的內在。也察覺到，原來我心裡藏著一個來不及長大的小孩，從未好好任性一回，就被迫穿上大人的外衣。

這件大衣保護著我，在大城市裡安身立命，然而蘭嶼的山海揭露了這份孩子氣。我與來到島嶼的人、原本處在平行線的人交會，尤其是一起住在基金會宿舍的室友們，下班後像大學生般無憂無慮，上山下海，組團練歌、在酒吧開唱，擠在小小房間玩真心話大冒險，盡情揮霍任性，不諱言童心未泯。在交會裡了解自己也有黑暗面，允許失控放縱，不再苛求完美，接受有些事情無能為力或有可為，也去挖掘沒說出口的心事和未解的祕密。

「妳有沒有什麼事，是一直想做，至今卻沒有完成的？」

離開台北後不久，我在臉書讀到浮光書店老闆JC所寫的〈今天也要一個人開書店〉：「開一家書店的意義，宛如向世界宣告：從今爾後，一個女子獨自成家。書店既是隱祕的私房，也是家屋，通往外界他方的圖書館。」這篇文章始終存於我的最愛裡，也許，從那時候便埋下開書店的念想。

更深層的遠因，是把書店做為家的延伸。

媽媽在我就讀的小學當義工，從路口交通指揮輾轉進入到圖書室，在整理過程中，心疼孩子們只有殘破舊書可看，她憑藉著過去曾在漢聲雜誌工作的經驗，聯繫幾家出版社，詢問讓絕版書籍流動的可能。她寫很多封信、接觸一些財力有餘裕的人，更自掏不少腰包，為學校買進新書，把圖書室重新整頓起來。一個學校不夠，她跑遍整個潮州鎮，於是學校孩子都有了新書可讀。這時她又突發奇想，批發了上百套玩具，說要鼓勵孩子閱讀，不久後果真在各校推展「閱讀百書計畫」，孩子們憑借書證的借閱紀錄，就能把玩具換回家。從偏鄉閱讀到推廣社區媽媽讀書會，爾後還有讀經班，更遑

論家中伴我走過大半個童年、近三千本收藏的書櫃。我十歲時甚至在家裡開辦過自己的租書事業（受到菲利斯．雷諾．奈勒《艾迪股份有限公司》影響），一心想當老闆，雖然客人只有一個。

在「閱讀」與「買書」極為理所當然的環境下長成，開書店是一件幽微且鋪陳許久的心事，更是母女關係跨越生命的再連結。

「我想開一家書店。」

一個散步的盛夏傍晚，我看著眼前的海，說出了幽微的心意，但其實不太確定，何年何月才會去實踐？

直到環島公路沿途芒草轉為銀白的季節，我所敬愛的哥哥、在蘭嶼認識多年的第一個達悟朋友——小施，因衝浪意外不幸離開了人世，於族人傳說中的白色島嶼長眠……。我們悵然為他送別，聽他喜歡的音樂，看他生前被捕捉的紀錄片身影，細數他做過的每件事，部落每一個角落，都有他曾經認真生活過的痕跡。那一刻，我驚覺

不能再等，想做的事情就是現在，要立即啟程。

我要去海邊或幽靜的山林小村，找一間老屋，親手打理出想要的書店。

還沒來得及細想，該朝哪個鄉鎮前進、往南還是往北？小島家人珮慈、耀欣、金駿和魯邁便伸出雙手，支持書店在蘭嶼落地生根：「空地是有，但妳要自己想辦法長出地上物。」我毫不猶豫就答應，在紅頭部落租下土地，朝空氣對小施喊話：「我一定會實踐，祢等著看喔！」

蓋房子所要面對的，好像是終於甘心成熟的自己，有著前所未見的篤定，以及面對未知的勇氣。當時的筆記本密密麻麻，書寫著無業後……不，是成為自由人後的日常，我花了一點時間適應，開啟斜槓人生，同時栽入書店大夢裡。愛的代價是成為獨當一面的自己，想起當年間接指引我離開台北的命理老師，我們在兩年後重聚，她為我理了理離開後的狀態，笑稱我的生命力驚人。是啊，我真的很努力、很用力的活著呢。

流完淚、平靜下來後，腳步竟然輕盈了。連續三天都走了很長的路，每日平均三十公里，是那日的大休息讓我體力延續至今。

∞

從海拔八五九米爬升到一一五九米，走進了被森林包夾的山徑，山裡非常寒冷，體感溫度只有九度，很難想像上禮拜還行走在體感三十多度的麥田。在山上遇到了久違的韓國大叔和很會煮飯的韓國歐膩，他們問：「妳怎麼會走這麼快？（以至於追上他們）」，我搖搖頭說沒有，我只是專注地走個不停。從出發第一日到現在，我腳程始終非常緩慢，總是被各種超車，幾乎是人群的後段班，但我很有耐力，能夠走的時間逐漸加長，通常大家在中午前就會停下，就近尋找庇護所休息，而我會繼續往下走三、四個小時。還有一個原因是不想遇到熟面孔，我漸漸發現多數人喜歡停留在大城，或是熱鬧且便利的小鎮，所以我盡可能略過這些，繼續往前推移。

山路比平地多了幾分危險，一方面是低溫，一方面是路徑不容易辨別，整日翻越了

兩座山，第一座山路徑還算明顯，只是有一段長路景色幾乎一致，感覺像是上帝用了繪圖軟體無限拉伸、無限複製，十二公里的路走起來像二十公里。還有一段路是大縱谷，往下陡切後再讓人往上攀爬，簡直是開玩笑，真希望能搭一座天橋走過去。下山回到平地後，路過幾個小鎮，鎮上的建築與中國福建一帶很相似，讓我想起了馬祖，四鄉五島，其實台灣美景是世界級的啊，相較之下一點也不遜色。

第二座山更驚人，滿滿的碎石坡路，讓人不知道該怎麼行走，稍不留神可能就會摔得鼻青臉腫。午後沿路仍然沒什麼人，一對情侶超車後轉瞬不見蹤影，我辨識著地上的腳印和單車輪胎痕跡慢慢走，一度甚至看不清楚路到底在哪裡，「真的有路嗎？」我對著空氣喃喃自問，網路也斷斷續續，沒辦法查詢確切路徑，只能邊走邊祈禱，在山裡更多的學習是謙卑和禮敬。下山後我回頭看著山，說了聲：「Grasias.（西班牙語的謝謝）」，謝謝讓我平安走過山徑。

再度下榻於寧靜小鎮，同樣是位在酒吧二樓的私人庇護所，也是鎮上唯一，這個鎮

更小，站在窗邊就可以俯視全部。老闆是個年輕小夥子，對於房務好像不太細膩，入住時他不在，等了許久才拿到枕頭和防塵套，廁所沒有衛生紙，我聽到其他三位室友低語抱怨著。但是晚餐非常好吃，室友們分別來自加拿大、德國和……，想不起來了，要記住這些真難。我們都對生菜沙拉讚嘆不已，不敢相信眼前的菜餚來自那位不靠譜的小夥子，這是我的第二頓朝聖者晚餐，滿喜歡的。

昨晚吃太飽反而難以入睡，在床上翻滾到凌晨一點，今夜的份量則剛剛好。孤寂小鎮只剩我們寢室裡的燈光，連酒吧都已早早打烊，餐後大家決定提早就寢，外頭甚至還沒有天黑呢。我窩在睡袋裡寫日記，寫著寫著居然睡著，驚醒時，時鐘指向十點，所有室友皆已沉睡。我把日記收好，調整好入睡姿勢，床鋪高度不夠所以稍早沒抬腿，感到腿微痠，但願睡眠能幫助修復。

1

2

1 被森林包夾的山徑。

2 偶爾會開口對自己說話，試圖平衡一下周遭的寂靜。

Day 12

2022.9.18

Orbaneja Riopico > Villafría > Burgos > Tardajos > Rabé de las Calzadas

距離：24.7 公里，行走 8 小時，累計 296.8 公里

高度：爬升 88 米、下降 167 米

朝孤獨靠攏

一整天都在想日記的事，有時候好希望腦裡想到了什麼，文字就能自動生成，是不是我對日記過度執著了？總是害怕漏掉什麼細節，有時內心小劇場好多，但執筆時往往只想到一些瑣碎流水帳，那些比較內在的自我對話就暫時飄走了，或無法完整組裝、詮釋當時的語意。不過它們會回來的，在某個有共感的時刻，我們總會於筆尖會合。

時常感覺到記性退步許多，曾聽說生完小孩記憶力會變差，一種身體的自然保護機制，而我懷胎九月生下了一家書店，這樣比擬好像也說得過去。曾經遇見某位認識的教授，他說，連續兩日都在早餐店巧遇，想打招呼，但見我好像沒想起他便作罷。我快速蒐羅腦裡資料庫，對應，略為歉意地喊出名字。這

只是其中一件，曾經被喻為人事移動資料庫的我，竟也開始臉盲。

∞

今日腿依然不太對勁，不知道是不是昨天在山裡太冷？也可能是因為洗澡時忘了試水溫，不小心把冰水淋在腿上，睡前感覺雙腿痠疼到不行，夜裡溫度又驟降，周遭冰冷得刺骨，花了一點時間才讓身體暖和起來。醒來以後腿依然伸展得不順，幸好，本來就想好不要再走三十公里，只要路過 Burgos 大城後就可以準備休息。

Burgos 真的很大，幾乎花了整個早晨經過它，從城市邊緣一路到城市中心，無止盡的人行地磚和大馬路，和昨天的山徑一樣複製拉伸，好希望至少來點彎路。出門前完全沒有吃東西，很快便感到飢腸轆轆，走了許久，終於看見幾家已開門的酒館，我暗自感到慶幸，畢竟星期日會開門的店家實在不多。

走進一家位於對街、看起來明亮的酒館，櫥窗裡有許多現成的精緻餐點，讓我的選擇障礙不小心發作，在夾了豐富生菜的烘蛋與沙拉三明治之間猶豫良久。要點柳橙汁

時，店員說了兩個西語單字，我沒聽懂，她隨手比劃了一下，我立刻懂了，她問要瓶裝還是現榨！竟然有現榨的選擇，我要好好把這個單字記下。眼前的櫥櫃還有各種海鮮下酒菜，如果可以，好想坐在店裡吃喝一整天啊。

氣溫越來越低，昨天在山上九度，今早出門也一樣寒冷，但走著走著身體自然會熱起來，我在思考是否需要添購手套和一件輕柔的羊毛衣？背包裡有件沉重的防風防水機能外套，內含可拆卸的羽絨夾層，我猜它有一公斤重，本來還遲疑是否該把它抽出來，先寄到終點處的郵局？因為一路走來還沒有機會穿到，倒是輕便的衣服希望能多些。其實偶爾會忘記背包的重量，它們彷彿逐漸成為身體的一部分，出發時在機場量過，行囊將近七公斤，加上隨身手機、底片相機、水壺和每日預備的水果，大約八公斤，以長途健行來說可能太重了。有人說，背包最好控制在體重的十分之一，也有人說百分之二十的佔比，我的重量介於中間值，目前卸下背包後沒有不適，最初幾日因為背帶沒調整好而肩膀痛，後來就沒事了。一路默默捐出幾樣根本無關重量的小東

西，還有什麼可以捨棄呢？還能怎麼斷捨離？

Burgos主教座堂非常美，斷斷續續花了兩百年的時間建造，也是世界遺產之一。教堂同樣提供朝聖者門票優惠，櫃檯處很貼心設有置物區，每個人都可以將自己的大背包塞進櫃子裡。進入教堂後可以下載導覽APP，邊走邊聽教堂內的故事，除了西語、英語之外，還有法語、義語和葡萄牙語可以選擇。我在教堂停留約一個小時，在中午左右離開了城市，同樣的不想待在這裡，人太多，太擁擠了。

快要走出Burgos前，在十字路口聽見遠處傳來嘶吼聲，我四處張望後發現是「騾哥」——有位朝聖者帶著騾子一起步行，今早還碰巧和他們一前一後同行一小段路，雖然跟騾主人不曾交談，但只要見到騾子我都會笑得很開心，默默幫牠取名叫騾哥——騾哥此時獨自在對街的樹蔭下休息，我猜主人去覓食了，看見牠我又笑了起來，遠遠朝牠揮手說晚點見。

8

寫到這裡又累了，可能是晚餐吃太飽的緣故，連續三晚住進極為僻靜的小鎮，又是唯一的庇護所，又與眾人共進朝聖者晚餐。但我很喜歡庇護所女主人的氣質，也喜歡她設計房子的巧思，美麗的餐桌，潔淨一塵不染的浴室，竟然還主動提供洗髮精、沐浴乳、衛生棉和棉條，是路上第一次看到，其他空間也整理得很棒，我想這就是小鎮私人庇護所最迷人的地方。

不過，我依然不喜歡過多的交談，共進晚餐偶爾讓我感到壓力，總是祈禱不要在餐桌上遇見話太多的人。最近在路上行走已漸漸沒有同伴，可能是因為我刻意避開官方建議的停留點，也可能是我走走停停頻率不太一致，或者，朝聖之路本來就是這樣？會從一開始的群聚到後來慢慢分散，也許在接近終點時又聚集起來，總之我需要安靜，也喜歡這份孤獨。

1

2

1 Burgos主教座堂的穹頂。

2 此時距離Santiago de Compostella還有約莫四百七十六公里。

Day 13

2022.9.19

Rabé de las Calzadas > Hornillos del Camino > Arroyo San Bol > Hontanas

距離：18.3 公里，行走 5 小時，累計 315 公里

高度：爬升 268 米、下降 222 米

啟發

「腳背」說她今天不想要遠行，我說好，我們走一小段就休息。

我發現自己越來越晚睡，經常壓線、在十點熄燈過後才摸黑上床，但也沒有立刻入睡，而是繼續滑手機懷疑人生，或仍記掛著一萬公里外的書店。時間變得既規律且破碎，通常四點左右抵達庇護所，梳洗整理後大約五點，一邊抬腿，一邊等頭髮乾，有時去散步，磨磨蹭蹭就來到六點，再花一兩個小時寫日記，朝聖者晚餐七點開始，酒足飯飽八點半解散，有些人會直接入睡，而我需要一點時間消化和放空，不小心就到夜深。

昨夜沒睡好，鄰床的室友打呼聲像打雷，而且是長音、有規律的節奏，同寢其他人卻沉睡不受影響，只有我無法進入深眠，數著時間來到凌晨一點、三點，好像每隔幾小時就翻身醒來一

次，接著還做了夢。夢見我找到媽媽的臉書，她的其中一張大頭貼是我們的合照，大約是在我四歲或五歲時拍攝，在老家三合院門口，紅色小花樹叢前，我穿著向日葵圖案的洋裝，沒想到有這張合照，我得把它找出來。醒來之後覺得有點失落，我很確信不曾拍過那張合照，家門前的照片裡只有我，老家三合院，紅色小花樹叢，向日葵洋裝，像日本娃娃般的齊平瀏海與短頭髮，抿著嘴似笑非笑，鏡頭後的拍攝者當然是她。轉眼又是九月份，前幾日剛好是她當年離開人間的日子，十七年了，我們都好嗎？

有人說，做夢其實是你的靈魂代替肉身去經歷某些事，我覺得這說法很溫柔，畢竟有些地方我們去不了，有些人我們見不著，或再也不能見了，於是被夢牽引，放下怨懟，然後和解。

媽媽的最後一趟旅行是從潮州到台北，一張自強號火車票，再從劍潭捷運站搭接駁車，直抵新光醫院。剛入院時還能說說笑笑，還能散步，或抗議病床沒有靠窗，看不

見風景（其實窗景看出去也只是更多的樓房）。但漸漸地，止痛用的嗎啡把她帶到另一個時空，讓她有時清醒，有時迷糊，甚至不能完整說出一句話，或寫出文字。有天她看著我，囁嚅半晌，拿起紙筆艱難地寫下：「同住者，共災者」，我忽然心電感應般，聽懂了她要說的只是：「嘿，我的女兒。」

年齡相差四十歲的鴻溝、窒息式的嚴厲教養，讓我在高中之後與她漸行漸遠，我們不曾說過太親密的話，也各自保有祕密，彷彿家不是兩個人的家。大學後，我像飛出鐵籠子般，張開羽翼逃離，無拘無束，不接電話、不報平安，只有寒暑假回去，也總是短住幾天而已，直到癌症介入我們的關係。在醫院裡，我們仍相視無語，直到醫生宣判她的病情和死期，我靈魂抽離，用每秒幾萬公里的速度回到每一個錯失的過去。我在病床前說了無數次「我愛妳」，我們擁抱，約定好不哭泣。

∞

六點半前得起床，睡眼惺忪下床後，發現那位打呼的室友大叔還在睡，我又嘆了口

氣。出門前把行囊全部攤開來重整、再一一收妥，嗯……，體積和重量看起來都沒變（不然呢），不過拿東西變得比較順手了，接著下樓去吃預訂的早餐。

早晨的天光是莫蘭迪色與新海誠色調，日出在我的正後方，走呀走，發現騾哥又在前面不遠處，於是立即追過去打招呼，牠的臉在晨間看起來特別可愛。

今天走在偶有坡度的麥田之間，麥子收割後只剩下麥梗，太陽升起把大地照耀得一片金黃，很適合拍麥香紅茶的廣告。我這一路漸漸不太用手機拍照了，總覺得眼裡所見很美，手機卻怎麼也拍不出來，所以倦於記錄。但這片金黃色麥田重新勾起拍照的慾望，也想幫自己做紀念。我請一名坐在田梗上吃早餐的紅色背包男子幫忙，他答應了，但希望我先幫他拍，當然好。我立即想好構圖：麥田，陽光，旅人和他的三明治，以及特別顯眼的紅色背包，我想我應該收費。但他幫忙拍的照片很糟糕，看完有一種「好，我們當作沒這回事好了」的無奈，真希望很會拍照的好友老宋也在這裡，好需要大圖攝影師啊。後來一路空蕩蕩沒人經過，我便試著把手機放在地上自拍，感謝萬能的倒數計時模式。

平原和麥田景象遠比城市街景更讓人喜歡，行過城市以後，路途轉而荒涼，有幾個停留點甚至只剩下空房和遺跡，杳無人煙。走過一個又一個一望無際的平原後，才看見前方有個小盆地，有房屋炊煙，明顯是個村落，入口處立著的石碑嵌有熟悉的黃色貝殼。雖然才剛過中午，但一走進小村落就覺得喜歡，我問「腳背」：不如今晚就住這？大吃大喝，睡一個很長的午覺，五分鐘的散步就好，把睡眠調整回來。她說好，於是我們停下來。

我又住進了與酒吧結合的庇護所，外觀看起來雖然喧鬧，但房間滿安靜溫馨，我竟然是第一個入住。床邊的矮几放了一份菜單，若想吃朝聖者晚餐，可以先看有哪些菜色，用餐前自行選擇，我有大半天的時間可以慢慢想。

梳洗打理好自己也才下午三點多，吃完午餐的漢堡後便坐在屋外寫字，旁觀那些氣喘吁吁、揮汗路過的朝聖者。太陽依然毒辣，此時一群又一群年紀偏長的朝聖者來到酒吧，人手一杯冰啤酒躲太陽，他們看起來不準備下榻，只是坐一會兒，稍事休息。

通常這種時間我已經連滾帶爬躲進庇護所了，但對他們來說好像一切才剛開始，我真心讚嘆，果然不能小看歐洲老人！不要吝嗇休息，不要給自己時間壓力，這幅光景帶給了我很大的啟發。

隨後我去逛小鎮教堂，裡面播著柔和的音樂，有個角落放置了各國語言版本的聖經，其中一本同時貼了兩張國旗貼紙，青天白日滿地紅與五星旗，翻開內頁，果不其然是簡體字，但我已經很滿足了，好久沒有見到中文字。另一個角落放了一些籤詩，我隨手抽兩張，文字都很勵志，旁邊有個架子則被掛上一些私人隨身物品，我想了想，取下手上的黑白紅色串珠手環，把一部分來自島嶼的負面執念放在這裡。

午休後回到房間，方才空蕩蕩的矮几躺著一台即可拍相機，好想知道主人是哪一位室友。我帶了四卷底片出門，規定自己一天只能拍三張照片，但今天不小心就多拍了幾張。想問問室友相機在哪裡買的，萬一窮途末路時好有個備案。

我覺得自己對於朝聖者晚餐的渴望已充分被滿足，接下來都不想再吃。晚餐刻意選

了邊桌，鄰座是一位個子瘦小、安靜木訥的大哥，先前遇過他幾次，一直以為他是日本人，攀談後才發現他也來自台灣，因為不諳英語的關係，所以他很少與人交談，我叫他莊大哥。坐在對面的兩位是義大利人，以及一位單車騎士，他們三人聊得很開懷，我和莊大哥就偶爾應和，或低頭專心吃自己的海鮮燉飯。噢對，我終於吃到了西班牙海鮮燉飯。

1

2

1 日出後再度遇見騾哥與牠的主人。

2 人們在午後小酌，等太陽不那麼毒辣後再度出發。

3 教堂陰影成爲酒吧露天座位的天然遮陽傘。

Day 14

2022.9.20

Hontanas > Castrojeriz > Itero del Castillo > Itero de la Vega > Boadilla del Camino

距離：28.6 公里，行走 8.5 小時，累計 343.3 公里

高度：爬升 294 米、下降 414 米

耳朵想要安靜

昨夜同寢室七位室友都是男生，本以為會是雷神交響曲之夜，結果異常安靜，倒是我自己吃多了，肚子脹氣睡不好。本來想，我對朝聖者晚餐的渴求應該已經完全滿足，後續不必再嘗試，結果一早爬山後，所有念頭立刻打消，該吃就要吃，後面不知道還有多少座山要爬，需要好好儲備體力，何況人都來到歐洲了，不就該多方品嚐嗎？而且爬山好苦，我已經把近十年爬山的額度用罄。

即便不再預訂住宿，看當日走到哪裡才做決定，但每次想好在眼前的城鎮下榻時，仍會默默打開手機地圖，確認一下各家庇護所的差異。Boadilla del Camino 有兩處庇護所和一家飯店，通常飯店不考慮；而兩處庇護所各有七十個床位和十二個

床位，按理來說我會選十二床的，但它距離小鎮入口還有至少三分鐘路程，三分鐘聽起來很短，但走了八個半小時後，三分鐘就顯得漫長。轉念一想，便就近投入七十床的懷抱。

庇護所藏在圍牆裡，一道厚重木門隔開內外，我正猶豫該怎麼敲門，主人就剛好把門打開。先映入眼簾的是游泳池和花園綠地，以及可以放置鞋子的一排長木椅，陽光完整照進了整座花園。主人把我帶到床鋪前，說：「入住手續下午再說（已經三點了還不算下午嗎），現在就好好休息吧！」在勞累面前，這樣的話語簡直人間天籟。

卸下背包時身體不知道為什麼輕飄飄的，今天是在路上的第十四天，扛起與卸下背包這個動作經歷數十回，卻是第一次有這種感覺，好像有人輕輕托住我的背，幫忙拉伸，肩膀也沒有任何痠疼感，好似身體終於和背包合而為一。

∞

但我還是沒有得到想要的安靜。

人們是不是都很渴望交談？有時候走到一半，會忽然有人和你並行：「你叫什麼名字？」「你是哪裡人？」「你從哪裡出發？」「你今天想去哪？」但是，我很好奇這些答案對大家來說都有意義嗎？

一位加州女孩天亮時跟上我的步伐，開啟了如上問答，基於禮貌我們並肩走了很長一段，中途停下來一起吃早餐，然後她的朋友Emily加入，好多人啊。後來我藉故想尋訪一家逸庭介紹的神祕小店，先行離開，但加州女孩堅持陪我。小店沒找著，卻遇到一個奇幻空間，讓我們在屋裡滯留好久。這座小鎮叫Castrojeriz，有名的是山腰上的城堡遺跡，我遠望了高度沒有力氣爬上去，但對小鎮裡的人事物相當好奇。進入小鎮前，先遇見一位打扮很可愛的老奶奶，笑瞇瞇向我們打招呼，有種「歡迎來到我們國度」的氛圍；接著又一個老爺爺騎腳踏車經過，後座竹籃裡裝著滿滿的薰衣草，風把花香吹送到我們鼻尖，於是整座小鎮洋溢著薰衣草香氣，人彷彿走進了宮崎駿電影裡。

我覺得這些都和那家店有關。店內主要是以木作與鐵件裝點而成，卻一點都不冰冷，地板鋪了柔軟的地毯，櫃子陳列各種手工筆記本以及畫作，還有特別調製的精油與手工皂，桌邊奉著香草熱茶，樓下是繪畫工作室，樓上則是可供冥想的空間，戶外花草被照顧得很好，整家店充滿巧思。後來得知主人每晚七點會引領大家冥想，她把這裡定義為共享空間，無償向所有人開放，期許每個人能夠在此找到屬於自己的一方寧靜。可惜原本不知道，若能來這裡住一晚多好！我猶豫著想買精油，但因為不想再增加背包重量，只好放棄。

加州女孩仍然在門外等我，她真是不依不饒。過了小鎮，眼前是一座山，她忽然快步起來，說自己最愛爬山，那正好，爬坡我最不在行，我需要走得更慢，於是如願跟她分手。

不巧的是住宿又碰在一塊，還有稍早的Emily，還有更多。辦理入住手續時，其中一位她們的朋友問我聽得懂英語嗎，我點點頭，她立即滔滔不絕述說自己掉了東西，

有好心人幫她拾起輾轉送到這裡，接著庇護所主人拿出失物，她開心地又叫又跳，衝上去給主人一個擁抱表示感激，我微笑恭喜她，試圖結束對話。但緊接著加州女孩提出邀請，說他們一行人會在階梯旁的空地聊天，希望我能加入。我尷尬地說了謝謝，經過階梯旁果然看見人群圍坐，有男有女，一共十幾個人，平均年齡大約二十五歲，簡直是聯誼派對。她抬頭看見我，我揮了揮手上的日記本跟她致意，趕緊逃離現場。

為什麼人們需要大量的交談？

我知道有一點聲音會讓路途走起來不那麼漫長，可是大部分時間我是渴望孤獨的，不要有人同行。或者我們可以走一段，不要說話。

∞

今晚又是朝聖者晚餐，小鎮同樣沒有超市和雜貨店，庇護所也沒有廚房，只能和大家一起吃飯。餐桌是兩張連在一起的長桌，我覺得很悲傷，因為那意味著所有人都會面對面。當我偷偷觀察「聯誼派對」坐在什麼位置、自己該往何處躲藏時，發現長桌

邊緣是上週在Ventosa認識的兩位荷蘭奶奶，我越過人群飛奔到她們身邊：「可以跟妳們一起共進晚餐嗎？」奶奶是我的救星！如果不是來走朝聖之路，我可能永遠不會察覺自己多難相處和孤僻，但這究竟是什麼時候養成的呢？

書店開幕於冬季，進入人聲鼎沸的夏季前，我卻不由自主放空了一段時日，在自己的時區裡只是坐著，不走動，不起身，因為不知該走去哪裡，以及行走的過程是否具有意義。我常困頓於表面上的語意，也畏懼來自各處的審視和批評，或試圖重新理解自己和自己所做的事。開店的辛苦之處大抵能夠吞服和消化，只是害怕未知。書店很明確地矗立於眼前，而我一直花時間和心力摸索、建構它的脾氣與個性，既希望書店有我的靈魂，但礙於生計考量，也不能完全復刻，真希望我們彼此都能夠更強悍一點，是強悍啊而不是孤僻。

「聯誼派對」集體坐在另一張長桌，我鬆了一口氣，右邊是荷蘭奶奶，左邊是一群法國阿姨，忽然間好像也聽得懂法文了。主食為自己選了燉牛肉，前幾日吃過燉羊肉、

煎豬里肌，強迫症如我默默地分配，讓自己每日吃不一樣的肉類，今晚份量剛好，但口味依然太鹹，想起了前幾日甜到腳踝的小點心，西班牙人吃這麼重口味真的好嗎？

感謝荷蘭奶奶的晚餐陪伴，這次我記住了，她們是一對姊妹，姊姊英文很好，有三個兒子一個女兒和兩個媳婦，其中一個媳婦是智利人。她一共有六個孫子，最大的孫子喜歡種花，最小的孫女跟她同一天生日。女兒是登山健將，前陣子正在挑戰喜馬拉雅山脈某一處，照片裡的尼泊爾天空好美。妹妹則關切我目前一切都好嗎？腳有沒有受傷？喜不喜歡今天的晚餐？

∞

最近在路上遇到的招呼語轉為：「你的腳目前都還好嗎？」「膝蓋沒事吧？」「有沒有任何不舒服？」是啊，不知不覺突破三百公里了，法國路線完成三分之一，但也還有很長的距離。除了腳，還要小心不在高溫豔陽下脫水，也得防範突如其來的低溫，沿

途陸續得知有些人因為受傷或失溫而必須打道回府，除了替對方惋惜之外，也時時對自己耳提面命。

有人說，在朝聖路上照顧好自己，別人也會照顧你。

好的，會小心翼翼，照顧好自己。

1

2

3

1 漸漸不再覺得太陽毒辣，珍惜午後曬太陽的時光。

2 儘管討厭爬坡，但從山頂向下俯瞰，一切的辛苦便煙消雲散。

3 這一日印象最深的奇幻空間，牆上藍黃交織的畫作是朝聖者像。

Day 15

2022.9.21

Boadilla del Camino > Frómista > Población de Campos > Revenga de Campos > Villarmentero de Campos > Villalcázar de Sirga > Carrión de los Condes

距離：24.4 公里，行走 6.5 小時，累計 367.7 公里

高度：爬升 128 米、下降 76 米

耶利米爾的祝福

再度獲得了想要的安靜，沿途只遇見一些生面孔，擦肩而過、匆匆打招呼後，一切又恢復寂靜。這一路什麼也沒有，只有一小段沿著小溪前進，溪邊蘆葦增添了一點顏色，黃色箭頭指引的路徑和公路並行，既長且直，天空沒有半點雲。雖然頭頂是大太陽但氣溫偏低，我翻出了羽絨衣穿上，它是粉紅色的，成為我身上的非黑色物件之一，當初會買它是因為零碼出清價格便宜。我後來發現路上的亞洲年輕人多半都一身黑，這些黑衣人當中百分之八十是韓國人，長褲、黑外套，行事低調，也鮮少群聚，頂多就是兩人一組走在一起。

寫日記對我來說逐漸變得困難，一天看似飛快，實際上也很漫長。我總是不知該從何下筆，有時記憶也相當零碎，難以組

合，只好先條列式的記錄，回頭再試著整理。

Charlene跟我分享她在Rabé de las Calzadas小教堂的奇遇，看她收集到很有特色的印章與充滿祝福的項鍊，覺得好感人。我在Rabé de las Calzadas住了一夜，那日教堂沒有開門，所以錯過這個奇遇——倒也不能說錯過，朝聖之路是這樣吧，儘管走在同一條路上，但每個人的收穫都不會一樣，錯過的不必惋惜，也許還有其他珍貴或奇趣的事物在等你。

今天腳步好像又輕快了些，走完六公里先吃到熱呼呼的烘蛋和熱茶，很感激餐點加熱的心意，平時早上吃到的幾乎是冷食。抵達想下榻的城鎮時並不算晚，剛過中午而已，但我一改常態沒有直奔浴室，而是放下包包出門散步去。

第一次嘗試去外面的餐廳吃午餐，我找了有提供「每日特餐（Menú del día）」的餐廳，價格和庇護所的朝聖者晚餐差不多。菜單是手寫的，增加了翻譯辨識的困難度，我大概花半小時才點好菜。前菜是奶油培根麵，主食是烤豬肋排，最後用米布丁當甜

點。米布丁味道好甜，口感過於濃稠，我不喜歡。

也終於遇到營業中的郵局，但鑒於氣溫逐漸降低，肩膀也越來越習慣負重，我決定不把機能外套和其他暫時用不到的小物寄往終點處，就一路背著它們走到底吧。在郵局只買了郵票，想要開始寫明信片了。

∞

午飯後去逛教堂，順便去超市採買，沿路的店家都很認真實行午休，兩點到五點之間不會開店，我非常欣賞這樣的步調。去到超市時，附近已經有人徘徊，說來可愛，客人們都知道此刻還是午休時間，所以不會站在離門口太近的位置，而是在對街、在其他地方遠遠觀望，不給店家壓力。店員則在五點鐘準時開門。有差那幾分鐘嗎？我覺得有，這是人與人之間最基本的尊重，對於休息的尊重。

我只買了水果和氣泡水，稍早出門前看了庇護所的廚房一眼，發現有些食材可用，有些朝聖者不會把沒用完的食材帶著上路，選擇留在庇護所，分享給其他人，因此經

常可以在廚房裡找到喜歡的食材，拼湊成豐富的一餐，尤其像我這樣一個人下廚，受惠良多。

回程經過一家戶外用品店，其實我已經走進去三次，猶豫著是不是該買雙手套？最便宜的也要十九歐元，我拿不定主意，只好遠端徵詢弟弟的意見：

「你覺得要花十九歐買一雙看起來有點厲害的手套嗎？雖然薄，卻很保暖，但是相較在這裡的日常花費，感覺好貴噢。」

「十九歐是多少台幣？」

「大約六百元左右。」

「騎車用的保暖手套一雙大約兩千到四千元，而且還很厚重，提供給您參考。」

「謝謝你，我覺得這資訊很實用。」保暖最重要，錢什麼的都是身外之物。

弟弟是大天使派來的信差，也是我在世上最愛的骨血家人。跟弟弟一起長大的時光實際上只有四年，分居時我八歲、他四歲，爾後相見的間隔都以年起算，最長可能曾經七年未見。

在弟弟眼中，出社會後的姊姊就像是詩人周盈秀筆下的姊姊：

我有個姊姊，她住在臺北十年了
她很忙，所以臺北也很忙
她冷的時候，臺北總是全台最低溫
她深夜加班，臺北的燈也沒熄過
姊姊打電話回鄉下　只說想家
此刻的天空時不時，掠過飛機一架
姊姊常常讓我去找她
在她眼裡，我是移動式的家鄉

弟弟二十幾歲時一度對生活感到茫然，常問：「我要怎麼樣才能像妳那麼果斷？」
我回答他，大概是我們家的孩子都比較晚開竅吧，不急，每個人都有自己的時區。
弟弟遠比我有耐性，細熬慢磨，三十而立也終於長成自己想要的模樣，那個當初連

「YA」都不會比（只會用兩隻食指來拼出形狀），成天跟在我屁股後頭的小鬼，已成為一個能夠把自己照顧好，還能開車載姊姊到處吃喝遊玩的翩翩少年郎。若媽媽天上有知，想必也很欣慰。

∞

除了手套之外，我還買了一個容量稍大的輕量水壺，原本的保溫瓶太重，且容量不大，我把它放進了庇護所捐物箱。買完不敢繼續在店裡細看，再看就想買其他東西，我發現店裡竟然有賣黑色雨衣，好讓人心動。另外，因為羽絨衣足夠暖和，所以也暫時放下買羊毛外套的念頭，逛街真是累人。回到庇護所已經快八點，整間屋子只剩下我還沒有洗澡，晚洗澡的缺點是曬衣服的時間變短，太陽一下山，衣服就乾不了，下次還是別在外頭玩耍到太晚才好。

回頭在老友群組久違報平安，又聊起了撞牆的事，這次換行動派女子阿李夏幫我抽了一張大天使神諭卡，抽到的是〈生命的回顧 Life Review〉，大天使耶利米爾說：「檢

視你的生命，決心去改變或治療任何不平衡的部分（Take inventory of your life, and resolve to change or heal anything that's unbalanced.）」，耶利米爾是靈魂的守護使者，名字有「神的仁慈」意涵，而祂的特長是治療情緒，並對「原諒」相關的課題帶來幫助。太好了，也許我需要這個。

小碎語

張甜說「公關」也是一種歷練，不要覺得遇到人類就不清淨，別人是我們的鏡子。一期一會，有些事一生只有一次，不要浪費了。

好，我會再做開一點點的，一點點。

看著沒有濾鏡的藍，想起我的太平洋小島。

2022.9.22

Day 16

Carrión de los Condes > Calzadilla de la Cueza > Ledigos > Terradillos de los Templarios > Moratinos

距離：29.8 公里，行走 8 小時，累計 397.4 公里

高度：爬升 177 米、下降 151 米

筆直的公路

早晨那十七公里長路像一部沒有結局的公路電影。

我從來沒有走過那麼直長的路，幾乎沒有彎道，沒有高低起伏，永無止盡，也許是誇飾了，開車曾經遇過這樣的路，但把輪胎換成雙腿，車速和人速是截然不同的。回想起來昨晚很多人停留在 Carrión de los Condes，大概都是為這十七公里儲備體力吧，早晨才有足夠的精神用來衝刺。

做好途中不會有任何熱食的心理準備，我提前買了可頌麵包與香蕉，打算一口氣走完。沒想到走了約八公里後，竟然看見停駐在荒野中的餐車，餐車上的鐵板滋滋作響，冒著熱煙，一路想著的食物都有，當然還有熱咖啡與茶。我像是在沙漠行走遇見了綠洲，覺得莫名感動，活著真好。

路雖然漫長，但一路始終有人，不前不後維持著一點距離共同前進，大部分的朝聖者和我一樣，看見餐車，彷彿獲得救贖。荷蘭奶奶稍後也出現了，一臉寬慰的笑。不過我比較擔心的是，待會兒若想上廁所該怎麼辦呢？平常可以到城鎮裡的酒吧消費，順道使用廁所，若離城鎮較遠，則找隱密的樹林、草叢或巨石想辦法解決。我隨身攜帶一個塑膠夾鏈袋，裝使用過的衛生紙，待找到垃圾桶或抵達庇護所時，再將裡面的垃圾與果皮丟棄，清洗袋子反覆利用。這條公路兩側沒有任何遮蔽物，根本無處可躲，我不敢喝太多水，一心祈禱十七公里很快能走完。

張甜的「一期一會」理論言猶在耳，我回想過去兩週所遇見的人，梳理了記憶，有些人剛剛好在較為舒適或沉靜放鬆的場域裡相識，因此再重遇時，相處氛圍是自在愉悅的。就像那對荷蘭奶奶，我們相識於Ventosa的庇護所——我撞牆痛哭後大休息的居所——她們在廚房裡煮食與歌唱，我靜靜地煮麵、炒番茄切洋蔥，偶有交流。她們爽朗健談，但不過度打擾人，便是從那一刻起記住了這兩張臉孔，接著是Boadilla

del Camino晚餐的巧遇與深談，後來她們成為路上牽掛的朋友之一。

荷蘭奶奶出現在餐車時，我正要離開，剛被食物溫暖的我，在陽光下與她們相擁，她們的笑容在光裡更顯和藹溫柔，畫面極為美好，我想舉起相機又怕驚擾了這一刻，不過，即便不拍照我也會永遠記得的。

有人說朝聖之路可以分為三個階段，第一個階段是鍛鍊身體，第二個階段是磨練心志，第三個階段則是修練靈魂。也許我來到第二階段了，開始想聆聽自己多一些，所以對人群偶有不耐，但我會試著再敞開一點，說好來看看世界的各種可能，不是嗎？

∞

結束十七公里後，在小鎮入口迎接我們的是酒吧和庇護所，眾人的膀胱都獲得解救，我走進路口右邊的小雜貨店，買了點東西，順便借用洗手間，再度避開喧嘩的人群。接下來呢，要往哪裡走？太陽逐漸爬升到頭頂，一早的低溫被掃去，忽然熱得一點都不合理。我邊走邊大口喝水，想把早上沒喝夠的補齊，但身體也毫不客氣地猛流

汗，有進有出。

一路走著，周遭逐漸空無一人，只遇見一對夫婦，他們在某個小鎮繞了兩圈、迷了路。為他們指路後，我們一起坐在路旁喝水休息，說著午後的豔陽多麼毒辣，今日應該見好就收。我決定去Moratinos，讓單日里程數接近三十公里，倒也不是在比賽什麼，我擔心的是日後，萬一在路上生病或遇到生理期，難免會影響體力，所以趁體力好時能走就盡量多走。

今晚入住的庇護所並不算小巧，但住客不多，總共只有九個人，稍早那對夫婦也來到這裡，他們住雙人房。我住的背包房同樣是上下鋪，上鋪幾乎都是空的，床鋪用木板隔間，獲得久違的隱私，枕頭正上方還有小夜燈與專屬插座，好久沒見到這麼周全的設施，儘管房子看得出來有些老舊，但舒適程度不減。

距離晚餐時間還很長，大家梳洗完畢便散落在花園裡，草地上有躺椅，花園中間是可泡腳的冰涼水池，前廊有桌椅可以寫日記。有人在看書，有人閒聊，有人在規劃隔

天的路程。我只出門轉了一圈就回來，小鎮沒什麼新鮮事物，還是待在花園裡小憩比較實在。

我看著冰涼的水池，猶豫是否要冒險嘗試，上網一查，發現有些運動員在運動後或賽間休息時，會以冷水泡腳，可稍微止痛、防止腳部腫脹，也減少繼發性損傷。於是我試著把腳放進水裡，浸泡到接近膝蓋高度，雙腿的痠軟頓時被修復，肌肉大為放鬆，太紓壓了，真是出乎意料。

此時晚餐的鐘聲響起，庇護所主人好有儀式感啊，穿戴廚師帽與圍裙的她，將餐桌挪到了戶外，為潔白桌面細心鋪上餐墊紙，然後依序擺放瓷盤與刀叉，細節很賞心悅目。備妥後她輕輕敲著小鐵鐘，呼喚大家入座。第一道菜是培根蛋黃義大利麵，第二道是油嫩的煎里肌豬排，搭配生菜每樣都很好吃。她還會逐一關心大家是否合胃口、需不需要加量。不知道為什麼，這是我第一次在朝聖者晚餐裡感到自在與從容，和室友們都聊得很開心。餐後有人拿出專為朝聖者設計的卡牌，內容是義大利文，於是眾

人輪流抽牌與協助翻譯，有人幫忙先翻成西班牙文，有人再轉譯成英文，笑著交換和分享。

我抽到的卡牌寫著這段話：「Nessun evento ha, in qualche modo, in flusso su di te, se non quello che tu gli dai.（沒有任何事情會以任何方式對你產生影響，除非你賦予它意義）」。

除非你賦予它意義。

FOOD TRUCK
2863 KYJ
EL CAMINO

2

3

1 荒野中出現散發食物香氣的餐車，難道不是海市蜃樓？

2 十七公里的筆直長路，只有遠方的樹遠遠照看我們。

3 難忘的晚餐，難忘的庇護所和這一夜的室友。

Day 17

2022.9.23

Moratinos > San Nicolás del Real Camino > Sahagún > Calzada del Coto > Bercianos del Real Camino > El Burgo Ranero

距離：27.3 公里，行走 8 小時，累計 424.7 公里

高度：爬升 197 米、下降 176 米

半程

我向來自加拿大的室友 Terry 分享朝聖之路三個階段的事，她聽完之後反饋，若用地形來思索，的確滿合理。第一階段我們翻越高山、爬過台地和丘陵，有各種上下起伏的陡坡和彎路，相當鍛鍊體能。此刻進入第二階段的我們，每天都重複走在沒有止盡的公路電影裡，眼前的路既平且直、冗長沉悶，十足考驗心志。那第三階段用以磨練靈魂的，會是什麼樣的風景呢？我們一起陷入了沉思。

Terry 是個很有氣質的優雅女士，不論剛洗完澡或剛睡醒，總是維持一貫的美麗從容，是我最嚮往的老了以後的模樣，她說自己也是獨自踏上旅程：「我很愛我的家人，但我需要獨處。」我用力點頭表示認同。她還告訴我，加拿大安大略省有一個小

鎮叫做Wawa。

昨天在半路巧遇的夫婦我也很喜歡，他們是Bunny和Patrick，來自愛爾蘭。兩個人都熱愛分享生活周遭的可愛小事，他們跟我說了許多，我則提醒他們隔日經過Sahagún時記得要申請「半程證明」。Sahagún位在法國路線四百公里處，只要從SJPP出發走到那裡，就可以申請紙本證書，如果必須中斷旅程，未來持證書接續著往下走，便可在終點處申請走完全程的證書。不過他們倆好像很容易為住宿焦慮，晚餐和早餐時都反覆地問我接下來去哪裡、訂房了沒有？我搖搖頭說沒有。他們都從訂房平台找，不過那上面多半是青旅，鮮少有庇護所的資訊，我告訴他們不用擔心，我總會找到住處的（也告訴自己不用擔心）。

∞

出門後，我和張甜隔著手機螢幕起了一些爭執。起因是我報平安，說終於走了四百公里，她回覆「快到了喔！」，我急忙制止她這麼說，不能過度樂觀是我的習慣。她卻

說要改掉這種習慣，路在那裡，走下去就是了，這世界沒有比走路更單純的事，以及她相信祕密法則。但我傾向不把事情想得太簡單，萬一有什麼狀況，心裡才不會那麼挫敗，我需要這樣。張甜沒再多說什麼。

爭執過後有點沮喪，心情低落地繼續走著，察覺了自己的狀態——我經常「不敢」抱持希望地活著，不敢對「好的結果」懷抱信心，這好像是蓋房子後留下的陰影，當我態度過於樂觀，或浮現「就要完成了！」的想法，下一秒遇到新的關卡時，那股挫敗感便會重重擊垮我，當時積累的勞累和痛苦，讓我無法再承受更多的挫折。

我記得所有情緒潰堤的時刻，記得無限循環的每一個想要轉身逃跑的念頭。記得有次申請行政流程被退件，遭受到揶揄：「叫誰誰誰幫妳弄啊！」我沉默地走出大門，在角落痛哭。沒有誰誰誰，我只有自己，我試著練習不在第一時間生氣，試著把面具戴牢，專注把處理好事情視為首要，但心裡的疙瘩沒有被排解。每前進一個階段，看似快要完成，又會發現新的問題或缺漏，必須想辦法補強甚至重新來過，或是什麼也做不了，遙遙無期看不到終點。

一個人蓋房子這件事，顯然有點天真，有太多無能為力的時刻，高估自己的體力心力，也高估了抗壓的能耐。有日進屋前，我在心裡演練了一段對話：「我們又被退件了，沒關係，再來一遍好嗎？不過就是學打水泥嘛。」話未出口就被眼淚吞沒，好希望自己再堅強一點，脾氣再柔軟、有彈性一點，可是要兼顧萬事真的好難。我需要各種不受打擊的小幸運，於是我閉上嘴巴，不把期待和想要的事說出來，挫敗感顯然是我持續至今的人生課題。

想想其實是我的盲點，傳了語音跟張甜說抱歉。

∞

整理完思緒後，突然發現自己迷路了。我走在一條不在原定路徑的泥路，雖然前進方向是一致的，但更為荒涼，周遭一片寂寥、雜草叢生，有趣的是三分鐘前有個男孩從我身邊走過，所以他也迷路了嗎？

我走到地勢比較高的地方遠眺，後方來路的確不再有朝聖者的蹤影，倒是旭日初升

的美景讓我稍微忘記憂慮。查看離線地圖後，確認可以繼續往前走，沿著草叢裡拖拉機行駛過的痕跡往下，再右轉切進公路旁，就能回到原路徑。半個多小時後我果然回到平直的公路，回頭再看了看草原一眼，也許，迷路的小插曲正是為了帶我抽離常軌，在不預期的空白裡充分靜心吧。

我很感激片段的抽離，面對無休止的長路也不再感到無助。幾位朝聖者路過，藍色襯衫美國大叔，黑色背包高個男子，其中一位是來自馬來西亞的John。「妳為什麼走上朝聖之路？」他們問，我總是輕描淡寫帶過，當人們問起時，其實是期待你反問嗎？我也鮮少主動詢問，因為不確定自己是否真的想知道。

今天最重要的事是申請「半程證明」，在那之前，先抵達了法國路線的中心點地標，我停下來，花三分鐘好好感受這一刻。接著順利在Sahagún的公立庇護所取得紙本證明書，四百公里路途的感動濃縮在薄薄一張紙，握在手裡，忍不住為自己偷偷開心了好一會兒。

中午路過的每一家酒館都在休息，我和一位德國女孩左彎右拐，好不容易才找到吃食，我們各自點了漢堡狼吞虎嚥。酒館老闆完全不會說英語，還主動教我認識幾個西語單字，啊，我怎麼沒想過要學習西語，進行基本交談呢？

抵達El Burgo Ranero前，我在陸橋下遇見一位清道夫，他既焦慮又興奮地對我說了一長段西語，我聽不懂，於是他拿出手機翻譯，意思大概是很多人停留在這個小鎮，今晚會非常熱鬧，接著他又比了個睡覺的手勢，什麼意思？小鎮的住宿客滿了嗎？誰可以給我翻譯年糕？

想要下榻的庇護所不在主要路徑，連續拐彎過兩個街角才找到，結果空床位還很多嘛，為什麼宇宙不斷地向我傳達住宿焦慮？此庇護所採取自由奉獻，志工說想捐什麼都可以，不限金錢，但我身上好像已經沒有需要捨離的物件。四處逛一下，交誼廳長桌擺放了各式各樣的水果，有新鮮無花果呢，我從來沒有吃過；廚房也有豐富的食材可取用，看起來不缺物資，所以我依然往奉獻箱裡面投錢。

通往房間的階梯牆壁貼滿小紙條，提醒住客主動維護環境，例如洗完澡把地板拖乾、廚房使用後將器皿歸位，其實不管住在哪裡都該這麼做，把原先接收到的環境完好轉交給下一位使用者，舉手之勞而已。

∞

洗完澡感覺下腹部不太對勁，這種疼痛相當熟悉，疲憊感也忽然湧上……是生理期要來了嗎？Charlene說她的生理期提早了，我猜自己可能也會，畢竟有跨時區的轉換，還有大量異於平常的身體活動，但提早十一天顯然太多。接著想起，我把唯一帶出門的月亮褲忘在某家庇護所的衣架上了，血崩女子如我，沒有月亮褲做為保護，只靠棉條或衛生棉是不夠的，真讓人心慌。

小鎮唯一的雜貨店剛好什麼都有，趕緊先採買生理用品，除了晚餐食材外，還多買了一盒六入的雞蛋，我會努力在明早出門前把它吃光。在店內也偷偷觀察其他人的晚餐選擇：跟我同款背包的大男孩買了四包洋芋片，動作乾脆俐落；多數人則是長棍麵

包、罐頭或一些放置於常溫貨架的微波食品，雖然不太明白為什麼不需要冷藏，不過微波後看起來滿好吃的，我下次也要試試看。

採買完回程遇見Terry，她的腳踝受傷了，但勉強還能走路，想試著明天走更遠一點去León，那裡生活機能方便許多，她想在城市裡找間飯店，舒服地休息一晚。León是我唯一感興趣的大城，若體力允許，我想預留半天以上的時間好好探索它。

小碎語

日記寫到一半，庇護所志工悄聲問我要不要一起去看夕陽？她們說這裡的夕陽很美。這一路已見過許多次日出，卻還沒有認真追過夕陽，於是放下紙筆一起出門。夕陽緩緩落在地平面，餘暉把小鎮天空染成一片金黃，然而我不忍心告訴她們，世界上最美麗的夕陽不在他方，在我住的那座小島上。

1

2

1 聖雅各之路法國路線的中心點地標。

2 在西班牙靜下心來遠望的第一個夕陽。

Day 18

2022.9.24

El Burgo Ranero > Reliegos > Mansilla de las Mulas > Villamoros de Mansilla > Puente Villarente

距離：25.1 公里，行走 7 小時，累計 449.8 公里

高度：攀升 60 米、下降 134 米

傷心的出口

踏出庇護所大門前，志工們給我一個很深的擁抱、送上手寫的祝福卡片，我不爭氣的濕了眼眶。

半夜起床上廁所看見她們還沒休息，一早天未亮，她們卻已經在廚房忙進忙出，無償為大家準備簡單的早餐，我覺得她們付出得未免太多，在這樣一個自由奉獻的場所。相較之下自己好像沒能做什麼，只能默默幫忙收拾廚房，把調味料歸位，把散落的塑膠袋和果菜殘渣丟掉，邊收拾邊想，其實多數住客生活習慣真的不太好。

早晨的開端又是十二公里直線長路，比數學老師畫的直線還要直，我感覺自己像機場行李輸送帶上的行李，但也不太像，至少它們還能夠繞圈圈。時間彷彿凝結，想念起那些高低起伏

的麥田，結實纍纍的葡萄園，一望無際的橄欖樹與向日葵，想念各種階梯和陡坡，想念庇里牛斯山的馬、羊與牛群，甚至想起Pamplona的城牆，更後悔沒吃那塊熱量爆表、但令人垂涎欲滴的乳酪。

忐忑了一夜但生理期沒來，可能只是個預告，昨夜的疼痛感也都消散。忽然發現自己變得很能走，速度快了起來，出門第一個小時就走了四公里多，狀態很好，大約在十點半前完結那條直線。接著在路上遇見Bunny夫婦，閒聊才知道他們明日抵達León後就要結束旅程，我沒有追問原因，但很自然地想陪他們走到下一個城鎮。由於夫妻倆是競走型，當下我也不自覺以同樣速度隨行，Patrick還打趣道：「妳走路一點都不慢啊！」，我說不，只有今天不一樣。

一路疾走到Mansilla de las Mulas，好驚訝我們走六公里只花一小時！這可是我的生涯巔峰。Bunny夫婦要下榻在此地，她問我繼續往前嗎？時間還早，我想繼續往下走。我們在路口擁抱、合照道別，因為不確定隔日還會不會再見面，目送他們離開時

臉頰突然爬滿了眼淚，啊……這是來朝聖之路前我沒想過的事，短遇、相惜與離別。

∞

我放慢速度，走進了一座教堂，本來想蓋個印章但沒有找到。教堂裡不算明亮，偏暗，空氣有點沉悶與潮濕，一對同為朝聖者的黑人夫婦正在禱告。我站在走道中央望著十字架，突然想對祂說話，「請祢保佑Bunny夫婦一切平安，也請讓Terry的腳傷沒有大礙，能如願走到León睡個舒服的好覺」，接著我哭起來，就近找了個位置坐下，眼淚沒來由滴滴答答不斷滑落，哭到黑人夫婦先行離開，哭到感覺教堂好像不再那麼潮濕晦暗，哭到自己慢慢冷靜下來。

這些年我逐漸與「哭」拉開某種距離——真的很傷心的時候，反而哭不出來，也許從媽媽離開人世那一刻起，我就喪失了宣洩傷心的本能。她離世前不斷耳提面命：不要哭，不能哭，接下來一個人活著要勇敢，哭出來會讓她無法安心離開。為了遵從她

的遺願，為了讓自己從今往後一個人也不害怕，我把眼淚藏妥，深怕哭出來就顯得不夠勇敢，哭出來就表示不夠堅強。我沒有哭，在二十歲那個秋天夜晚，一瞬間長大。

傷心長久地壓抑和埋藏，成為體內頑疾，偶爾發作，再努力把它擠壓回去，形成難以治癒的創傷。往後遇到同等傷心的事，我都哭不出來，再怎麼難受也只是苦笑帶過，也許不知傷心為何物，所以無法哭。掉眼淚往往只為些微不足道的小事，感人肺腑的電影或文字，賀爾蒙流竄的焦躁不安，說不定剛才的眼淚也是經前症候群使然。但是，那些傷心都去哪裡了呢？

再想起這兩年的自己。

開書店第一年，一直為內在的小心翼翼與高敏感所苦，要成為一個什麼樣的書店，要保有怎麼樣的自己？要怎麼盡可能忽略我所感受到的外來情緒？Covid-19疫情爆發，危急時刻，我們在小島社群裡投票，參與自主封島的決定，但也等於剛創業不久便深鎖大門，一切喊停。我不知道自己會帶著書店往哪裡去，或是書店將帶我去哪

裡。而又是為什麼，一切逐漸好轉以後，我卻渴望暫時離開，走上朝聖之路？想著幾乎所剩不多的錢，想著從未安定、持續耽溺於冒險的自己，積累的焦慮和恐懼瞬間爆發，眼淚像水龍頭被轉開般流瀉不止。也好，也好，哭出來也就過去了。

∞

離開教堂，感覺陽光變得刺眼，照在身上皮膚有點刺痛，但氣溫是寒涼的。午餐時段已過，跑了幾家酒館都沒有供餐，好不容易才找到一點輕食果腹，我離 León 已經不遠了，但不想在如此疲憊不堪的狀態下前往，於是便在十二公里前下榻休息。

今夜的室友是稍早在教堂遇見的黑人夫婦，還有 John，與手臂刺青非常好看、剃平頭的帥氣女孩。床鋪並非上下鋪，每個人都有獨立的床，著實讓人感動。John 問我是否會留在庇護所吃朝聖者晚餐，相約晚餐時坐在一起，其實和幾個不同場域的朝聖者晚餐互動後，我查覺到多數人也害怕「陌生開發」，他們看起來不排斥人群，但盡可能

不動聲色地在飯前安排好陌生交際裡的依靠。

不過John失策了，他坐在我的右手邊，而我正對面坐了一位活潑又爆笑的比利時人，不管誰開話題他都能接應，而且話語十分幽默，讓我一直不小心忽略John說了什麼，實在抱歉。晚餐又出現選擇障礙，在沙拉與義大利麵之間猶豫良久，最後選擇麵食做為前菜，結果生菜沙拉看起來超好吃，我寧願用主餐和甜點去交換。面對眼前令人滿足的餐點，我開始覺得，是時候正視自己的食量了，最近胃口真好，加上屢屢有機會吃到不算昂貴但美味的朝聖者晚餐，心裡很有罪惡感。雖然我不是來減肥的，但明天還是少吃一點吧。

Day 19

2022.9.25

Puente Villarente > Arcahueja > León

距離：12.4 公里，行走 3.5 小時，累計 462.2 公里

高度：爬升 144 米、下降 115 米

眼睛看見的美麗

清晨刻意賴床，想和多數人的出發時間錯開，沒想到大家也都晚起，想必是有同樣的計畫吧——走十二公里後就停留在León。它是伊比利半島最繁榮的天主教城市之一，據說也是法國路線沿途所經最大的城市。雖然兩週以來都盡可能與大城市保持距離，但我對León的老城區特別有興趣，也想看高第的建築作品，León便是我今天的目的地。

七點多出門時，氣溫四度，我匆匆掠過幾家明亮的酒館，去下個小鎮吃早餐，眼前也終於不再是無止盡的直線長路，有點感人。

早餐沒有想像中好找，我在小鎮裡繞了又繞，偏離原路徑一小段路之後，才找到一家小酒吧，店裡沒有其他客人，感覺多

數人不會繞進這裡。我點了煙燻火腿三明治和熱茶，就在準備開動時，Bunny夫婦居然推開門走了進來，沒想到還能再見面！我很驚訝，因為他們住得更遠，至少離此處十公里以上，卻在同樣的時間點與只走了四公里的我重逢，也都繞路跑到同一家小酒吧。

Bunny說他們會從León轉乘公車離開西班牙，但時間有點趕，所以疾走而來，快速吃個早餐就得離開。我很珍惜這頓早餐，儘管只有幾日短暫的相處，但Bunny的純真和溫柔一直在我心裡迴盪，也很喜歡他們倆人的親密互動，甜蜜，但不失伴侶之間應有的尊重。我拿出底片相機為夫妻倆合影，一個沒留神，Bunny已經為早餐買單，我不知道如何回報，只能再給他們最深的擁抱，就此道別。

「一路平安，娃娃！」好，一定會。

∞

往León只剩下八公里，沒有什麼時間壓力，我幾乎是以飯後散步的慢步調往前推移。太陽同樣從我背後升起，脖子在第一時間感覺到陽光的暖意，逐漸蔓延全身。我

決定錄下影片向弟弟報平安，但手忙腳亂間，不小心弄丟了一隻手套，而且是今早第二次發生，同樣是在錄影片時遺落。我回頭一路尋覓，也向後方的朝聖者們沿路打招呼，大家都笑咪咪問我是否忘了東西。有位跑步的男子還舉起光溜溜的手向我示意，表示他有看見手套——男子一身輕裝「跑」朝聖之路，前方有人把他攔截下來詢問原因，他說是為生重病的女兒而跑，聽得我們熱淚盈眶——往回走約兩百五十公尺後終於發現手套，一位好心人幫忙拾起，往前迎上我，讓我可以少走二十公尺路。荷蘭奶奶也正好路過，於是我們一起朝León前進。

奶奶問起我了的本名，我說「秀芸」。

「雪倫？」她歪頭試著確認。

「秀芸，但音很像沒錯。」歐洲人好像不太會發「芸」這個音。

然後聊起弟弟的名字，弟弟叫彥良，「陰陽？」奶奶比劃太極圖案，我笑了出來，晚點要跟弟弟說他的名字在歐洲叫做陰陽。

路上我們遇到一張新的亞洲面孔，奶奶慫恿我去問問她是不是台灣人？於是我第一次上前搭訕路人。她的名字叫桑妮，來自韓國，那百分之八十的佔比之一，她笑起來傻不龍咚的很可愛，沒記錯的話，她昨晚也在同一個庇護所，是隔壁房間的室友，希望接下來還會再見到她。

我決定要買羊毛外套，秋日的氣溫逐日下降，尤其夜裡，光靠睡袋是不夠的，昨晚就睡得瑟瑟發抖。不過今天是禮拜日，除了餐廳和酒館，沒有其他店家營業，即便最熱鬧的大城市也一樣，看來是買不到了。

抵達León剛好是庇護所開放入住的時間，順利找到床位，卸下行囊。這是一家公立庇護所，床位非常多，可以料想今夜會遇見很多熟悉的面孔，但我好像漸漸沒有那麼抗拒，一期一會。

老城區很美，就在León主教座堂旁邊，教堂也有午休，所以我在廣場上閒逛等待它開門。可能昨日流完眼淚後也掃除了心裡的負擔，眼前事物好像變得特別美好，讓心再度歡快起來。有一對雙胞胎姊妹在León地標旁跑跳和玩耍，她們拿出玩具相機，

擺各種俏皮姿勢幫彼此拍照，廣場邊緣有管樂隊正在集合，好像要出發去繞行城市。親愛的荷蘭奶奶坐在酒吧戶外，正開懷地暢飲啤酒，她們也在等待教堂開門。還有一位白髮女士特別吸引我的目光，人來人往喧鬧的街邊，她獨坐在高腳桌椅上，低頭專注地書寫，像是日記，也像是旅遊隨筆，車水馬龍裡，她沉靜且投入的姿態顯得特別耀眼。

參觀教堂的人潮眾多，排隊等了一段時間才入內，我無法用手機拍出它的宏偉和華麗，只能呆呆佇立其中，仰望它，心裡不住地讚嘆。

街角有家熱巧克力專賣店，雖然我不喜歡巧克力，但此時很渴望來點高熱量的熱飲，於是走了進去。熱巧克力相當濃郁，搭配兩條彎彎的小油條，我不知道正確吃法，不過一鹹一甜搭配著吃好順口呀。提早休息使一天變得很長，我先寫下一部份的日記，不知道Bunny夫婦是不是已經搭上回家的公車？希望他們的路途平安順利。

身體被熱巧克力溫暖之後，我去了卡薩博廷斯高第博物館（Museo Casa Botines

Gaudí），這座建築物是高第的作品之一，共有四層樓。一樓簡述高第的生平、建物起源和建材構造，以及當時因應織物產業而生的商業型態。二樓展出高第在西班牙所有作品的模型，並分享他如何在自然生態中汲取靈感，看到硨磲貝時覺得好親切，有點想念遠方的家。三樓是與高第同時期、十九世紀末至二十世紀初的藝術家畫作。四樓則是特展，主題是但丁《神曲》帶給後世藝術家的深遠影響及地獄想像，讓我驚訝的是達利也在其中，他有些插畫大量運用了神曲《地獄篇》的「記憶藝術」，資訊量好龐大，可以的話，好希望能留更多時間在León好好地消化。

博物館門票只要八歐元，但我逛了兩個多小時，直到腿痠了仍捨不得離開，這是目前為止路上最喜歡的博物館。離開前在紀念品店買了一本書，儘管背包力求減重，但那本書實在太可愛了，是手繪插畫《你所不知道的西班牙》，寫給像我這樣的旅人，我必須帶它回家。

∞

走在路上某一日突然意識到自己正長時間置身於西班牙——我知道自己在西班牙聖雅各之路上，但一直沒認真想過，走路的同時，等於在西班牙做長遠的旅行——這麼一想忽然覺得不公平，我應該是喜歡法國多過西班牙的，為什麼把這麼長的旅行天數留給西班牙呢（內心小劇場打架）？法國有一天一定要再去。

背包裡多了一本書，感到心滿意足，朝聖之路迄今的收穫，遠遠比我想像的更為豐盈。

小碎語

在但丁的長詩裡，最常重複出現的字是「愛」。

2

3

1 宏偉的León主教座堂。

2 喝了熱巧克力後身體變得很暖和，喜歡小油條的搭配。

3 Patrick的調皮個性在快門按下的瞬間完美詮釋。每次吃到美味的食物或看見美麗風景，Bunny都會說「Lovely!」，於是他們所到之處都是lovely，我會永遠記得這一對夫妻。

2022.9.26

Day 20

León > Trobajo del Camino > La Virgen del Camino > Valverde de la Virgen > San Miguel del Camino > Villadangos del Páramo > San Martín del Camino > Puente de Órbigo > Hospital de Órbigo

距離：32.1 公里，行走 8 小時，累計 494.2 公里

高度：爬升 204 米、下降 217 米

一些新的嘗試

氣溫維持在六度至十九度間，回暖了一些，對此甚是感激。出門不久經過一個公車站，很考驗人心，但我勇敢地抵抗了公車的誘惑，繼續走路前行。

最近的新樂趣是搭訕韓國女孩，連續兩日都主動認識了新朋友。今天搭訕的女孩叫敏勇，她選擇 León 作為朝聖之路起點，預計走半程，也就是四百公里。這是她的第一天，她給自己的目標是日行三十二公里，我回想了一下二十天前的自己，心頭微微一震，默默為她遞上祝福。

吃一頓溫熱的早餐向城市做最後道別，戀戀不捨踏出 León 老城區，從市中心走到城郊竟也花了快兩個小時，直到建築物都隱沒在身後，再見了 León。

∞

我發現步伐快的時候腳比較不會痠痛，肩膀的負重也沒有明顯累贅感，好像慢慢地喜歡上疾走，加上天氣冷，快步行走能讓身體維持在發熱狀態。前方不再是漫無止盡的直線長路，不過整日的路徑都剛好在車道附近，一邊走一邊吸入不少汽車廢氣，以及路面剛鋪好的瀝青柏油味，感覺身上始終帶著城市的氣息。

眼前開始出現岔路，有不同路線可選擇，方向當然是一致的，我通常會稍等一會兒，看多數人往哪裡走，然後選擇人少的那一條。不知道為什麼，一路睡意不斷襲來，甚至一度快要閉上眼睛，我破例在路上多喝了一杯告爾多咖啡（Café cortado，一種西班牙傳統咖啡，兩份濃縮加上少量熱牛奶，用一小杯玻璃杯盛裝），咖啡利尿，上路以來我盡可能不喝，但此刻太需要了。同時也想著今日的停留點，走二十五公里到San Martín del Camino就停下呢？還是要走三十二公里去Hospital de Órbigo？不知道這兩個地方我會不會喜歡。

先抵達San Martín del Camino，環顧四周圍，只有零星建築佇立於車流往來的大馬路旁，看起來有點冰冷，像是我抵達León前入住那個小鎮，我決定休息十分鐘就繼續往前。同時Mark出現了，那個背著跟我同款背包，腰帶掛著數位相機的男孩，他問我下一站還有多遠，我猜兩個小時，猶豫不決的他決定拋硬幣碰碰運氣，連續拋了三次，硬幣都叫他留在原地。Terry也正好抵達，啊，好喜歡那夜在Moratinos晚餐認識的室友們，Terry是個疾走悍將，她的步伐相當快，耐力也很強，我想和她共同走一段路試試看，於是我們揮別Mark，立即出發。

Terry真的走得太快，沿途雖然有蝴蝶在前方飛舞引路，但我卻無心觀賞，一心專注於調節呼吸和調整腳步，以及想辦法換氣說話。她說，每次家族出門踏青健走，姪女們都必須騎腳踏車才能追上她，我確信那是真的，大約才走了五公里我就投降，她根本內建跑步機！我站在路旁大口喘氣、喝水，揮手向捨不得停下腳步的Terry示意，她點點頭繼續往前，一溜煙便消失在我的視線內，她的步行時速可能有七公里，而我的膝蓋和大腿此刻幾乎燃燒中。

抵達距離León三十二公里的Hospital de Órbigo時，我忍不住笑了起來……這座小鎮好美，以一座石砌拱橋做為開端，遠方教堂的十字架在藍色天空下特別顯眼，鎮上的建築都不超過兩層樓高，暖黃色調，路上有奇異的裝置藝術，讓人像是走進童話故事般。

小鎮裡有三、四家庇護所，我選了最遠的一家，推開門後又被療癒了。裡面就像個畫廊一樣，走道和樓梯的牆壁都掛滿畫作，公共區域的天花板採用透明玻璃，所以陽光能照射進來，隨著時間推移，光線緩緩撫過屋子各個角落，有風的時候，光影就像是在跳舞。錯落在畫作之間的是綠色植栽，以及巧妙置入於樓梯間的書櫃。大廳旁有個空間，備有畫布和各式畫具，若旅人有需要，可在空間裡靜心創作。

庇護所主人嘗試用各國語言打招呼，確認我是哪一國人？我笑笑回答，是台灣。他好奇我如何找到這個住處，我分享了Camino Ninja給他，他笑得很燦爛。櫃台旁的小木櫃裡擺放了手作的飾品，我買了一條新手環，上面的綴飾是象徵朝聖之路的貝

殼，新手環覆蓋住我手腕上一道未曬過太陽的痕跡，那是舊手環的位置；另外還買了如光束般的黃色箭頭小徽章，把它別在背包上，我想賦予它們「接續」與「重新開始」的意義。住宿區是實木建築，保養得很好，床鋪也打理得相當整潔。我反常選了下鋪床位，因為實在累得無法爬梯子，沒想到下鋪與上鋪的間距足夠讓我抬腿，太棒了。

出發去超市採買前，遇見今早搭訕認識的敏勇，她也入住同一家庇護所，雖然只是第二次見面，卻對她有種莫名好感，好像能在接下來的日子成為偶爾聊天或同行的旅伴。

晚餐嘗試用蝴蝶麵來煮番茄洋蔥湯麵（希望義大利人知道了不會生氣），但我不太懂得拿捏分量，一不小心煮成兩人份。正好敏勇從廚房經過，我略帶歉意問她願不願意共食？也讓她看一眼賣相並不佳的料理，沒想到善良的她一口答應，而且在晚餐時頻頻稱讚湯麵美味，她一定是上帝派來的天使。

∞

本來想空出一點時間在創作空間裡畫畫，但我真的太睏了，只能簡短在訪客留言本寫下：「我無法想到更多美好的詞彙來形容這裡，既美麗又充滿故事，而且難得夜晚非常寧靜，室友們都在看書或寫日記，是目前為止最想多停留一夜的庇護所。謝謝我的腿帶我走到這個小鎮，認識這座天堂。」

睡前經過廚房，看見男主人和女主人正在細心地擺設餐盤，為隔日早餐預作準備，那畫面極為美好。我想，明早醒來走進廚房的人們，臉上也必定會綻開滿足的笑容吧。

1

2

3

1 麵包雜貨店的櫥窗，讓我想起一些食玩模型，覺得可愛。

2 庇護所牆面掛滿了往來朝聖者留下的畫作。

3 抬頭看見天空也有一片海洋。

2022.9.27

Day 21

Hospital de Órbigo > Villares de Órbigo > Santibáñez de Valdeiglesias > San Justo de la Vega > Astorga > Valdeviejas > Murias de Rechivaldo

距離：22.1 公里，行走 7 小時，累計 516.1 公里

高度：爬升 288 米、下降 220 米

散步

連續兩三日競技般的疾走後，左邊膝蓋對我說：「妳不要再鬧事了」，所以今天我散步，慢慢地走。

清晨五點半身體自動醒來，晃悠悠的收拾打包、等待早餐，好久沒有在庇護所看到那麼豐盛的早餐，有新鮮蘋果和柳橙汁，一片烤好的土司和果醬，一塊檸檬磅蛋糕，以及咖啡和熱茶。我想起最初翻越庇里牛斯山後所住的青旅，那頓早餐也非常驚人，你想要的都有，像是在撫慰大家前一日經受的疲累。

昨天傍晚生理期疑似來報到，但只排出少量深紅色的經血後便沒有動靜，一夜未再出現，我也不太明白排出來的是什麼，但身體沒有任何不舒服。想了想，我誠懇對子宮說：「我現在狀態可以，妳可以安心地來，我會接住妳（雙關）」，希望她能

明白我的心意。

∞

出門時天未亮，摸黑走過兩個小鎮，感覺多數人仍在熟睡，只有一家庇護所亮著燈，經過時，坐在裡頭的老爺爺舉起印章對我招手，我便走了進去。老爺爺遞上餅乾，為護照蓋章。得知我是台灣人後，他從琳瑯滿目的牆壁上指出台灣，有國旗、台灣形狀的別針，甚至新台幣，看到家鄉真好。除了台灣，牆上也貼滿來自世界各地的朝聖者所留下的印記，感覺老爺爺很珍惜這些收藏。

雖然說好了要散步，但步伐也不算緩慢。天亮後再度與Terry相遇，她說Mark沒有聽從硬幣的安排，而是繼續前進，他們後來在同一個小鎮會合。我就知道他還可以走。Terry則說自己今天狀態很好，可以恢復往常的快走，……昨天那時速七公里還不算快嗎！Terry以為自己是火車嗎！我只能含淚揮手跟她說：「也許晚點見。」也許，我強調了也許。

走到一個路口，看見路牌寫著：此地距離聖城兩百六十公里。那表示，我們已經走五百公里了⋯⋯，當下心裡的感覺非常奇特，為第一個一百公里歡呼的記憶猶新，也曾經說過每個破百的累積都很不容易，都值得慶賀，然而不知不覺就走完五百公里，所以，我進入第三階段了嗎？與靈魂相關的部分？

蓋房子之路看似沒有終點時，創業前輩、東岸酒吧鄰長嘎嫩鼓勵我：「當房子蓋好了，妳會在任何位置看到妳自己的身影，這就是蘭嶼人常說的，每一棟地下屋都有屋主的靈魂，同樣意思。」聽著忍不住眼眶泛淚，是啊，一釘一木都暗藏著思緒洶湧的靈魂。

我的靈魂先通過工地考驗，現在是徒步遠行的試煉，肯定比從前還要強壯許多了吧？

∞

過去每天在路上，我總會不時拿出手機，確認距離下個城鎮還有多遠，大概走了多少路。此時我決定不再確認了，把手機收起，專注走路，不去計算路過幾個城鎮、前

方倒數幾公里，直到散步累了為止。

一路都是緩上坡，記得一開始我最痛恨爬坡，如今卻十分珍惜，Terry說她也是，比起直線，我們寧可有上下起伏。半路，有位熱情男子經過我身旁，笑容燦爛地道了早安，我回應後低頭繼續看眼前的路，不打算攀談。於是他邁步離開，往前追上離我不遠的另一位女孩，搭訕成功，他們聊了很長一段路。儘管不再痛恨爬坡，但如果有人試圖在此時跟我聊天，我會用登山杖絆倒他們。

中午又進入一座大城市，以巧克力聞名的Astorga，沒想到離開León後這麼快又能進城。我終於買到保暖衣物，在一家有趣的雜貨商店，一樓販售朝聖之路周邊紀念品和來自尼泊爾的選物，地下室則是戶外用品零碼特賣。我在裡頭待了有點久，不是喜歡的款式太貴、就是沒有合適尺寸，或是符合前兩項但顏色不喜歡，我只想要黑色。幸好在即將放棄前找到勉強合意的羊毛外套，穿上羊毛外套，我覺得人生好開闊！彷佛什麼煩惱都沒有了，唯一的煩惱是在陽光下站太久會有點熱。羊毛外套真是世界上

最重要的發明。

Astorga也有高第設計的建築，外觀很像玩具模型，旁邊就是教堂，看起來也相當宏偉。但我這幾日逛教堂和博物館的額度已用罄，海量資訊還在消化當中，就沒有特地入內參觀，只在對面街道找了家酒吧，點一份馬鈴薯烘蛋，邊吃邊傳訊息和Charlene互報平安。餐後在不同的街角分別遇見前兩日認識的韓國女孩，敏勇與桑妮，兩個人都獨自傻呼呼地閒逛中，我決定告訴她們另一方的存在，希望她們很快就能遇見彼此。

離開Astorga後，「腳背」久違地又抽痛起來，我不知道怎麼回事，總是沒來由，但我對她說：「我們不會走太遠，很快就休息好嗎？」，果然立刻就不痛了。

∞

抵達Murias de Rechivaldo是下午兩點多，也是個極為迷你的小鎮，沒幾分鐘就走到它的邊界。邊界處有個小酒吧，一位帥男孩裸著上身在門口拉筋，健美的肌肉在陽

光下閃閃發光。雖有太陽，氣溫仍低，穿著羽絨衣的我很好奇他不冷嗎？仔細抬頭一看，才發現酒吧其實是一家庇護所，越過這裡，前方就空無一物了。我知道更前方等著我的是什麼，那是海拔一千四百米的山頭，想了想我的膝蓋和腳背，決定轉頭投奔庇護所（絕不是因為半裸帥哥的緣故）（為什麼要解釋呢）。

入住時還沒有其他房客，這個小鎮感覺不太會有人停留，但是出門散步時，竟然在隔一條巷弄的庇護所遇見桑妮和敏勇，她們真的相遇了！還有另外一位韓國女孩，三人很聊得來，好為她們開心。可惜稍早沒有繞過來這條巷子，不然就能夠住在一起了。

原本看見的半裸帥哥其實是庇護所員工，真正的屋主是留有一頭及肩深棕色捲髮的熟男，他說自己多年前因為工作關係，到訪、短居過幾個亞洲國家，包含台灣，真教人驚喜。庇護所有個種滿山茶花的庭院，二樓陽台還有小書櫃，可惜都是西班牙文書籍，無聊的我在躺椅上睡了個午覺，想著隔日的山頭，告訴自己要堅強。

晚餐就在庇護所裡吃，人不多，加我總共才三個人。一位是經常打照面的金髮紅色鏡框姐姐，一位是清瘦的平頭男子，名字很好記，叫Ger。Ger說話時語速很快，我得請他多說一兩次才能完全聽懂，但他們都很和善，耐心的分享彼此來自什麼地方、一路上的收穫。屋主準備的是蔬食料理，端上桌時看起來都平淡無奇，但吃進嘴巴裡卻充滿驚喜，尤其是濃湯，運用了大量辛香料，喝了立刻就能讓身體暖和，炒櫛瓜通心粉也非常美味。我忍不住大讚屋主的調味，他則自豪表示：「我可是在亞洲打滾過，很了解你們如何運用香料。」

夜晚全身暖呼呼的窩在被子裡，試著讀一點剛買的書，在一片寂靜裡慢慢睡去。

路上遇見很撒嬌的小貓，花色讓我想起「荔枝」和「三點」，她們是我的黑貓與白貓。

2022.9.28

Day 22

Murias de Rechivaldo > Santa Catalina de Somoza > El Ganso > Rabanal del Camino > Foncebadón

距離：21.4 公里，行走 6 小時，累計 537.1 公里

高度：爬升 597 米、下降 32 米

再次入山

鬧鐘六點響一次，六點半又響，周圍的人皆不為所動，我艱難地爬下床，梳洗後把行囊抱到門廊外整理，怕吵醒沉睡中的室友。庇護所的早餐七點半提供，但我沒有預訂，想早點出門，畢竟今天要爬山。

抵達四公里外的小鎮吃早餐時，跑出來迎接我的是荷蘭奶奶們，多美好的早晨！我們相擁互道早安，昨夜的室友 Ger 也在一旁，他說：「我們也來個擁抱嗎？」我微笑握手代之。隨後又遇到桑妮和敏勇，以及她們的韓國室友海琳，此刻三人組成一個女團，走在一起好可愛。

大家互問今天要去哪裡？我的回答依然是不知道，把他們逗樂。我發現長輩們對於住宿會比較焦慮，一定要先想好當日的

里程數、打電話訂房才能安心，不過，他們的確也比較在意住宿品質，通常會以可接受預訂的私人庇護所、旅館或飯店為優先，我則住什麼都能接受，費用不超過十五歐元（台幣五百元左右）都好。

不過，有個地方我很想去，是朋友推薦的庇護所，位在一千四百五十米山頭另一側的Manjarín村莊。據說那是一個從中世紀經營至今的庇護所，外觀看起來很像廢墟，屋主看似是個吟遊詩人或隱居山林的藝術家，讓人非常好奇。但困惑的是，兩個與朝聖之路相關的應用程式都指出該處已關閉。Manjarín只有一個庇護所，若確實關閉，就得再往下走七公里，我不確定今日的海拔高度和低溫適不適合多走那七公里，不如走到山頂再決定。

氣溫只有十度，吹四級風，逆風行走在山路感覺頭有點痛，我需要一頂毛帽，昨日真該一起買的。這陣子常被問的問題逐漸變成：「你覺得朝聖之路艱難嗎？」我不確定該不該用「艱難」來形容它，我的確常感到疲憊不堪，可是每一晚休息過後，快樂和滿足便會將疲憊洗去。我不想說它艱難，它的確不容易，但在路上獲取的種種感

受，足以將艱難覆蓋過去。

輾轉聽了每個人的故事，也有些人從未相互交談，但你知道他、他知道你，彼此是路上的熟面孔，像是一頭白色短髮、笑起來拘謹卻優雅的日本奶奶，或一身桃紅色、看起來總是愁眉苦臉的辮子女孩。前兩天一一想起從出發到現在路過的每一張臉孔，來自世界各地的五官和神態，突然也充滿感謝。一生當中會認識多少人呢？網路查到的數據天差地遠，「認識」是一個很籠統的詞彙，認識到相知，再歷經時間考驗，撇開社群連結後，能記在心裡的始終有限。我幾乎確信未來再重逢的機會微乎其微，但此刻我們就像同一艘船的夥伴，目的地只有一個，惦記彼此也關心彼此。我來自人們口中最有人情味的台灣，而且是人際相處幾乎沒有界線的蘭嶼，但在朝聖之路上，感覺擁有的不僅僅是人情味，而是一種前所未有的旅途中的革命情感。

∞

「你會去世界的盡頭嗎？」也是偶爾討論的話題，來都來了，大部分的人都想去，我

也是，那是另外兩條路徑，抵達聖城後，要再走一百多公里，目前多數人都想直接搭車前往，我還沒決定搭車或走路。

路上遇到多日不見的莊大哥，我以為他已經在很前面的城鎮，原來他在León住了兩夜，所以能再碰頭。我們同行了一段路，聊著今日的風速，他問，這應該就像蘭嶼的東北季風吧？對，難怪吹在身上感覺很熟悉，此刻就像在冬季的朗島海邊至椰油洞口來回行走，真的好艱辛。

進入山區後，眼前是碎石坡路，我請莊大哥先行，我需要減緩速度爬坡。漸漸地身邊又空無一人了，大約中午前經過一個有石磚路的村莊，空氣中充滿各種香氣，遠遠還看見荷蘭奶奶走進教堂。我則喝了杯熱茶，再五公里就要登頂，我想等登頂後再吃午飯。

沒想到這五公里極為漫長，山路變得更崎嶇，風勢也增強了，附近依然沒什麼人，風在耳邊呼呼作響。我繼續走在上坡路，烏雲快速地掠過頭頂，看了一下時間，已經

下午一點半，想起山區氣候的詭譎和多變，我決定放棄路途仍遙遠的Manjarín，待看見村落就歇下，無論如何不能再貿然走遠。幸好走了不久，就發現山頂已在幾步之遙，有房屋座落，那不是海市蜃樓，是香格里拉。

此刻下起了雨，我趕緊推開庇護所大門，這家公立庇護所相當簡陋，進門後映入眼簾的是一張能坐三十人左右的長桌，長桌另一端就是背包房。房間略顯擁擠，甚至沒有地方可以擺放背包，志工請我們將背包都放在長桌旁的地板。儘管簡陋，但在一千四百五十米的山頂，能有地方睡一晚已值得慶幸。屋外十幾公尺處有餐廳和簡單的便利商店，山區開始起霧，猜想今早遇到的人們應該也都會在山頂過夜。

我洗了澡，但不打算洗衣服，顯然室友們都有志一同，志工走進來發放毯子，簡直如獲至寶。網路完全沒有訊號，出門吃完午飯後，便趕緊躲回庇護所，也好，利用下午空檔，我專心寫了幾張明信片，也傳訊息問候正在周遊巴黎的蘭嶼長輩——待我如女兒般親厚的作家夏曼．藍波安老師——確認他是否一切安好。

今晚八點就趕快去睡覺吧。

太陽升起照耀了前方，感覺教堂在發光。

Day 23

2022.9.29

Foncebadón > Cruz de Ferro > Manjarín > El Acebo de San Miguel > Riego de Ambrós > Molinaseca > Campo > Ponferrada

距離：26.7 公里，行走 7.5 小時，累計 563.8 公里

高度：爬升 308 米、下降 1,210 米

告別與和解

每日抵達庇護所，室友們互相問候時，偶爾會說：「這是漫長的一日」，或：「今天並不容易」。但今早剛著裝完畢，打開大門的那一刻，我就忍不住脫口而出：「今天太難了」，冰冷的寒風吹襲，屋外下著雨，一位大叔回頭詢問，能不能留下來多住一日？庇護所志工搖搖頭，她說她的任務就是把房間淨空，確保下一批朝聖者到來時能有地方住。也是，如果前一晚的人都留下來，那稍後上山的人怎麼辦？這大概也是公立庇護所不提供預訂的原因吧，以實際抵達的人為主。

雨顯然一時半刻不會停，伴隨著風的呼嘯，所有人默然不語，低頭繼續吃早餐。我已經吃飽了，不想浪費熱量，原地做了三次深呼吸後就準備出發，志工姐姐在走廊幫我穿雨衣，黑暗

中，有幾盞頭燈閃爍著光芒，姐姐拍了拍我肩膀示意盡快跟上，好，我跟上。

我以為昨天的風已經夠嚴苛，殊不知今日還有雨，網路依然沒有訊號，不知道現在氣溫幾度，也許六度或七度？或是更低。依賴著頭燈的微光走在山路上，我隱約擔心著下坡，應該再走三公里左右就會進入下坡路段，若雨水讓路變得濕滑該怎麼辦？

走了不久，便看見登頂處的鐵十字架，傳說中把石頭放下的地方（Cruz de Ferro）。有些人會從家鄉帶石頭來，有些人則是在朝聖之路起點撿拾，來到此處將石頭放下，意味放下沉重的過往。我沒有帶石頭，走到鐵十字架才想起，應該把家裡那顆白色小石子帶來。前年久違地重返台北木柵，看望靈骨樓旁的生命紀念園，屬於媽媽的那株梔子花已經被移除，是啊，十七年了，是該讓土地重新循環。我在草地裡找到幾乎被土壤掩埋的白色石子，這是當年為她樹葬時，我用來佈置和識別的小物，樹不在了，白色石子也回歸自然。我拾起一顆帶回蘭嶼，放在書桌上。也許我該帶來，讓它躺臥在西班牙的星空下，仰視往來的旅人們，一圓她此生未能周遊列國的缺憾。

但我終究是沒帶。

匆匆向鐵十字架致意後，我越過石堆繼續前進，過去已經過去了。

我哭了起來，在低溫且細雨不斷的山區哭泣合適嗎？可是雨聲真好，沒有人會聽到。這些眼淚可能是我的石頭，山路漫長，也許該一路哭到山下。昨夜我夢見了小島，紅頭協會正在部落廣場舉辦活動，一如以往，佈置，人來人往，活動散場，與久違的村民們話家常，然後廣場再度安靜下來。從前我常夢見小島，在二〇一一年第一次獨自來旅行後，便年復一年夢裡相會。我總是在夢裡尋找那些當地朋友，一圈又一圈環島，總是沒順利找著。最後一次做夢，終於在夢中見到小施的妻子，小Q，我們在一個藍色遮陽棚裡聚會，長桌上放著花和雜物，身邊是不太熟悉的人。

過了幾年，我住進小島，而那個夢在兩年後真實上演，是小施過世、準備安葬前，我們為他進行的小型紀念會，大家帶來喜歡的小物和花束，在藍色遮陽棚裡微笑跟他道別。我從沒想過，有朝一日會身處在夢裡面……，此後便沒有再夢過小島，直到昨晚。也許是離家太久了，土地正在召喚家屋的主人？又或許是，提醒我適時回顧在部落生活的這幾年？

∞

眼淚依然沒有停，也許是傷心正在努力適應這個出口，不再刻意壓抑和隱藏。出發的兩個月前，我又體驗了一次「阿卡西紀錄」的解讀，當時我接收到許多令人難受的關鍵字，我不想聽，只想逃開。但是一路走來、沉澱之後才發現，所有關鍵字指向的不是誰，而是我自己，那正是我現下的狀態。阿卡西曾給過我一個功課，是關於「告別」，過往經歷的每一段情感，不論分手當下好與壞，好像始終欠缺一個與自我內在的和解，祂請我試著去回想，在每一段感情當中「我是誰？我學到了什麼？」，然後在心中向對方道謝，好好地告別。

我與前夫V在大學時期認識，交往多年後步入婚姻，在一起共八年的時間。但因為彼此不夠成熟，也缺乏進一步成長的體悟和契機，隨著共同生活日久，價值觀和對未來的想像出現極大差異，兩人隔閡漸深。在追求圓融的過程中，我不斷忽略來自內在的聲音，更在對方的言語和行動中貶低自我，漠視個人價值，最終幾乎完全失去了自

己。離婚後，我花了很長時間來重建和探索，重新認識自己，對於愛，則偶爾游移在不穩定的關係裡，因為害怕擁有「愛」就等於「捨棄自我」。

後來輾轉認識A，才知道，原來世界上存在許多不同形式的關係，也重新思索和定義愛的本質。我們進入所謂的「開放式關係」，那個過程其實很不舒服，儘管自由不受拘束，快樂的同時卻往往也伴隨心痛，包括忌妒和自我懷疑。我發現自己並不是害怕一對一的穩定，而是畏懼失去自己。A讓我明辨心中的想望與渴求，也終於懂得愛並非選擇題，而是問答題——首先要清楚知道，自己想要的究竟是什麼——但在那之前，你要會先聆聽自己，愛著自己。我察覺過去心裡的創傷，走入閉鎖的心靈黑洞，開始為從前的傷口進行清創，我看見自己值得被愛的地方，也擁抱我的高敏感體質。如今A已退回朋友的位置，但我感謝他帶我走出迷惘，洞見愛與關係的分際，看見靈魂深處不夠強悍的自己，也明白強不強悍都無所謂，重要的是，記得從今往後都不能忘記自己的聲音。

R則讓我了解慾望的盲點，也更深信吸引力法則。宇宙會接收你傳遞的能量和訊

息，讓你心想事成，但祂不會為你篩選優劣，若你總是發自內心覺得自己不夠好、不值得被愛，甚至不愛自己，便很難真正擁有完整且美好的關係。

我把對V、A和R的感謝交付於眼前的大地，謝謝他們陪我走過生命不同階段，謝謝他們間接引導我，完成一部分人生課題。希望如阿卡西所言，有覺知的感激與道別，就能真正與過去的自己和解。

鐵十字架是否也讓往來朝聖者都放下人生的一部分？我暫且拋下以往的固執——不能傷心的固執，不能哭泣的固執，不能懷抱希望的固執，不願樂觀起來的固執，也勇於承認並接受曾經受傷的每個時刻。我也不在意出發前那通未解的電話了，在浩瀚的星空底下，從前的糾結此刻都變得渺小且虛無。

∞

眼淚緩和下來，雨仍未停歇。我路過Manjarín那座廢墟，裡面有人走動，也飄來咖啡香，但淒風苦雨中的屋舍顯得更為破舊荒涼，昨夜沒有堅持走來此處也許是對的。

下一個小鎮是七公里遠，在山上的每一分鐘感覺都很漫長，左邊肩膀開始疼痛不已，一雙手套完全被雨浸濕，指尖彷彿已凍僵。我確信我們來到了第三階段，磨練靈魂，或是與靈魂共處。這兩日我隱約感受到靈魂與身體同步，互相協調該前進或停留，眼下雖艱難，但我全然相信會安全下山，她們會感知並照顧彼此。

過Manjarín七公里後，我走進酒吧吃第二頓早餐，因為身體熱量已全然耗盡，敏勇和海琳也一身濕的走進來，幸好她們都平安無事。周遭都是正在換鞋襪、添加保暖衣物的人，我填飽肚子後趕緊出發。這時山區瀰漫霧氣，雖然不影響視線，但氣溫更低，左邊肩膀不痛了，換左腳的腳指頭開始不聽使喚，……原來鞋子也濕了，但只能硬著頭皮繼續……，為什麼總是左半邊的身體最先發難呢？

路越來越難行，跟庇里牛斯山相較，此處的下坡路段更為艱險，它結合了這一路以來曾經遇過的各種地形，大面積斷裂岩層，碎石路，斜長陡滑的土坡，看不見去路的路，雨停起霧，霧散又下雨，積水或打滑，低溫。我開始默背〈白衣大士神咒〉，那

是六或七歲時媽媽教我的，她說我和觀世音菩薩很有緣，如果心裡害怕就默念，菩薩會與我同在，的確從小到大都很受用（我坐雲霄飛車時也會偷偷默念）。在西方朝聖之路上默念東方的佛經好像很衝突，但我相信祂們會互相包容吧，這也是一種中西交流。

濕透的鞋襪和瑜伽褲走著走著竟然乾了，然後再度淋濕，不斷循環。雨衣也穿穿脫脫。好想換件雨衣，原本的斗篷雨衣袖口太大，風會趁機鑽進去，沒辦法好好遮風擋雨，幸好昨日先在山頂買了毛帽，頭部至少是溫暖的。

又過了七公里，終於抵達較為平坦的Molinaseca，已經是下午一點，陸續也有更多人抵達。小鎮有不少酒吧和餐館，但我還不餓，只想喝點東西。鞋襪此時已經乾了，可以舒服地下山。

過了Molinaseca之後是平坦的公路，持續下坡，遠遠就可以看到城市，原來下一站又是城市，但我別無所求，能平安下山就好。走進公立庇護所前還有點猶豫，看起來

又是個超過上百床位的大型空間，人群恐懼症如我感到焦慮，不過，入內才發現庇護所的規劃很別緻，我被安排在單純只有女生的四人背包房，好久沒住在這麼少人的房間！廚房裡有投幣式洗衣機和烘衣機，正好能把積累兩日的衣服一併洗烘乾淨。

城市看似不大，覓食途中看見麥當勞的廣告招牌，它說三分鐘可抵達。但我錯估了，三分鐘指的是開車時間，走路讓我足足花了半小時，幸好大麥克很好吃。莊大哥曾說，他去到每個國家，都會在當地麥當勞點大麥克來嚐嚐，由此鑑別各國的口味如何。我想西班牙的麥當勞口味很適合台灣人。

麥當勞隔壁恰巧就是迪卡儂，我買了一件理想的雨衣，再順路去超市買老薑，給自己煮一杯熱騰騰的救命茶。

活著真好。

（洗澡照鏡子時覺得我變瘦了！）

Manjarín的廢墟庇護所。

在迷霧裡看見村落，總是萬分感動。

Day 24

2022.9.30

Ponferrada > Columbrianos > Fuentesnuevas > Camponaraya > Cacabelos > Pieros > Valtuille de Arriba > Villafranca del Bierzo

距離：23.6 公里，行走 7.5 小時，累計 587.4 公里

高度：爬升 303 米、下降 303 米

離別的預演

「在所有東西面前，我們都很渺小。」

今晚的感想如斯，這是一個不斷學習謙卑的過程，我很感激每天都有一些新的發現。

離聖城越來越近了，路標的倒數里程數居然開始出現「一」開頭，當然偶爾是騙人的，有時轉個彎到下一個路口，指標又回復到「二」開頭。我覺得沿途的路標們彼此需要好好溝通，對外口徑一致才行，不然總是讓人先歡喜後又失落。

早晨一直無法和一群隊伍拉開距離，前方五個人、後面兩個，以及其他。我隱約感覺到每個人都很疲憊，昨天的一切並不容易，所以大家似乎都把步伐放慢了，讓身體緩緩調適。

離我最近的義大利熟男主動開口閒聊，他是Alessandro。

其實我們在路上打過幾次招呼，Foncebadón那晚，我們在庇護所門廊相遇，他問我是日本人嗎？我說不是。然後昨日在Molinaseca的餐館，我和他的同行友人發生一件對我而言彆扭且有點不舒服的小事，我當機立斷離開現場，他當時略顯困惑（或尷尬？），隨後問了我的名字，算是認識的開端。

在閒聊中雖然沒有特別提及昨天的事，但我對當中的「人」的狀態卻釋懷了，我原先試著不去批判任何人的行為模式，不論大家走在路上的原因是什麼，每個人都有自己想保有的模樣，忠於自己就好。但聽他述說著這些人與他的互動，我好像明白，完全陌生的人之間本來就容易產生誤會，你所想像的和對方呈現的會有極大差異。對照之後，滯留在心裡的不愉快也就瞬間消散。

Alessandro問我去過羅馬嗎？那是他的家鄉，他說有機會我應該去看看，羅馬很美。他在講「很美」這個字時，用的是一種肯定且崇敬的態度。我在他身上的確能感受到這座城市——就是，你可以感覺得出一座城市在一個人身上留下些什麼，也許是氣質？朝聖之路上的義大利人都非常好辨識，尤其稍微年長的男子，他們步調從容且

活力十足。儘管有點年紀，但交談起來沒有任何世故的壓迫感，彷彿遊戲人間，放鬆卻不輕浮。他們重視品味，尤其在飲食方面特別明顯，即便庇護所設備再簡陋，他們也能變出充滿儀式感的義式餐桌，優雅地享受一頓飯。

他說，在我們前後這一大群人都是上路之後結交認識的，因為頻率相近，所以總是走在一塊兒，他們分別來自秘魯、比利時、英國和西班牙，半數則是義大利人。我這幾日停留的住處常跟他們重複，所以也逐漸眼熟起來，私底下還偷偷為他們取名為「義大利軍團」，因為他們行動敏捷，每個人看起來都很有個性，不容侵略。儘管如此，我還是不想待在人群裡，和他並肩聊了七公里後，他們決定在酒吧停下來喝杯咖啡，我鬆了一口氣，揮別隊伍獨自往前。

∞

這兩日腸道不太順暢，可能爬山的心理壓力太大，早晨甚至賴床，睡到七點才肯離開被子。出門不到十分鐘就找到一家很舒適的酒吧，於是吃了一頓彷彿時光停頓的早

餐。這也是我第一次嘗試用西班牙語點餐，tortilla de patatas 馬鈴薯烘蛋、café con leche 咖啡加牛奶，西班牙的咖啡普遍好喝。咖啡附送一個迷你可頌，烘蛋加熱過並附上麵包和辣椒，很喜歡這裡的辣椒品種，味道並不辣，辛香中帶點甜與鹹。鄰座客人點了柳橙汁，居然是現榨的，於是我趕緊加點，不小心就把桌子擺得滿滿，像個早餐富豪般。吃完後覺得很快樂，也順利把鬱悶的腸道排空，終於可以輕盈上路。

我遇到數日前那位一溜煙像兔子般跳走的台灣女孩了，她叫子莫，剛好 Alessandro 稍早才提到她。路上獨行的台灣女孩不多，所以人們聽到「台灣」時，都會努力回想自己有沒有遇上其他台灣人，然後告訴你，對方也在這條路上。「妳是娃娃嗎？」子莫也是這樣子聽別人說起我。

手裡有一部分明信片還沒寄出，原先買的郵票不夠，今早趕緊把會經過的郵局標記下來，希望正好有營業。與義大利軍團分道揚鑣後，很快就在對街看見郵局招牌，過馬路時，有人在街邊呼喚我，是親愛的荷蘭奶奶。我揮舞手裡的明信片示意要去郵局，她們點點頭就先走了。望著她們的身影，我忽然想到了離別，不知道我和奶奶們

會不會同時抵達終點？如果會，我們又該用什麼方式道別？奶奶感覺是非常瀟灑的人，大概就是大手揮揮對我說加油、好好保重吧，但我想像著離別的場景，鼻頭酸了起來。究竟是誰打開了我的眼淚開關？我這些日子也哭得太多了吧？然而，不管面對不面對，旅程確實即將進入尾聲。

這兩日的地形和風景尤為奇妙，好像帶著我們重新回顧前五百公里的每一步，翻越山嶺、踏上丘谷，再次見到葡萄園和座落於山坡的小村落，也許前方還有想念的麥田或令人厭世的直線。我開始珍惜每一道風景，最初在庇里牛斯山脈下，常遇見清澈的溪流，人們會在溪邊野餐或踩水，而我總是匆匆趕路，擔心自己體力或時間不足，也錯過有樹蔭的麥田或是草原。如今我懂得停頓了，在溪邊的大石頭坐一會兒，或是走入原野，卸下背包在一棵樹下安坐，開始不吝惜用手機多記錄一些畫面，路過葡萄園時，更歡喜收下農人遞來的現摘葡萄（嚐起來好酸！）。這條路先耗盡你的體力，磨損你的耐心，然後再一點一滴為你重建和修復，就像今日異常溫柔的好天氣，彌補了昨日的失溫驚恐。

我更喜歡午後時光，一點半至三點鐘之間，路上總是沒什麼人，大部分歐洲人仍在吃午餐，有些人習慣於此時入住庇護所，而我持續在走。安靜，慢行，彷彿一個人獨享伊比利半島的陽光。

午餐是在Valtuille de Arriba吃的，正好又遇見荷蘭奶奶，便在她們身旁坐了下來。奶奶說她有樣東西要給我，語畢，從口袋掏出一張預先寫好的紙條，上面是她的名字、手機號碼和住家地址，她說：「妳可以寫信給我，打電話給我，如果未來妳來到荷蘭，歡迎來看我，來家裡坐坐或是過夜都可以。」我望著那張紙條，完全說不出話來，彷彿心有靈犀般，把離別的預感轉化為連結，如果以文字訊息來描述這個場景，此刻的我應該顯示為一整排落淚的符號吧。荷蘭奶奶有著很美的名字，Margreet瑪格麗特。

∞

今晚躲進床位不多的私人庇護所，屋主有一股神祕的氣質，辦理入住時，她還慎重地介紹自己的名字，在此之前我從來不知道每個庇護所主人的姓名。屋裡有些角落可

看到佛像和線香，播著適合做瑜伽伸展的音樂，房屋佈置也可看出她對於空間的堅持。只是，這裡的廚房不外借，僅能使用微波爐，不想外食的我只好買了微波食品，跟屋主借支叉子將就著吃。不過房間很舒適，提供整潔的棉質床單和被套，而不是沿路常見的拋棄式防塵套，毯子也相當柔軟，聞起來有陽光的味道，正是我需要的。

明天，準備爬最後一座高山。

小碎語

去超市的路途也許不是眞的爲了去超市，而是趁天黑前，走一圈去看看小鎭的全貌，因爲明天再度經過時，天肯定還是黑的，那樣就沒意思了。睡前腦袋裡忽然蹦出這個想法，覺得可愛。

看見土地待出售，有點興奮，還傳訊息問張甜要不要一起搬來西班牙？但短居過法國五年的她表示不願意再回到歐洲。不知道我適不適合在歐洲生活呢？

2022.10.1

Day 25

Villafranca del Bierzo > Pereje > Trabadelo > La Portela de Valcarce > Ambasmestas > Vega de Valcarce > Ruitelán > Las Herrerías > La Faba > La Laguna de Castilla > O Cebreiro

距離：28.4 公里，行走 9.5 小時，累計 615.7 公里

高度：爬升 1,120 米、下降 370 米

最後一座山

睡了自踏上朝聖之路以來最安穩深沉的一覺，也難得不用把身體縮在睡袋裡，所以四肢都能放鬆地伸展，感覺自己睡得像嬰兒一樣，好想把毯子打包一起帶走呀。我慵懶地睡到所有室友都離開，當最後一個退房的人。昨晚穿戴了張甜給的護膝，讓雙腿溫熱以後才睡去，今天下床時感覺腿很輕盈，力氣也都回來了。儘管覺得屋主給人一種距離感，但在舒服的床鋪裡，感受到她的溫柔和細膩，能睡個好覺對朝聖者而言是最重要的事情。

小鎮仍在夜幕當中，出門沒走幾步，又遇見了義大利軍團，這條路真是無處可躲藏。Alessandro 和他的朋友們十分親切，拉著我一起合照，照片有一股軍團即將出征的氣勢，我笑得真

尷尬，幸好今早他們步伐更加緩慢，我盡可能地拉開距離。半路遇到敏勇，她也是獨自一人，我問她想去哪？她的目的地和我一樣，攀登最後這座山，直攻山頂。

昨日我們便已經置身於高度五百米的山區，這一路風景實在優美，村莊之間的距離也不遠，平均兩、三公里就會到達一處，感覺路途不那麼漫長。敏勇步伐相當緩慢，大概只有我的三分之一倍速，但我突然想和她一起，也許這樣山路走起來不會那麼艱辛。

我刻意放慢腳步，比以往更慢，像學校春日的郊遊一般。我們走走停停，對每一個如《魔戒》裡哈比人居住的夏爾村莊發出驚嘆，然後也仿效她，拿出手機拍個不停。在庇里牛斯山時，我一心想把路走好、照料自己，所以只用眼睛觀望山上的風景，那些羊、馬和牛群，以及無限奇趣的景色只存在心裡。最近我開始大量拍照，試著多逗留幾分鐘，捕捉奇蹟般的時刻，就連走上坡路都不再有怨言。山徑很美好，天色也同樣溫柔，這是高山贈予我們最特別的禮物。

我和敏勇互相擔任彼此的攝影師，偶爾停下來一起哀嚎，一起躲在安靜無人的小

店，吃令人驚喜的甜點，也品嚐路邊小攤販的聖地牙哥杏仁蛋糕（tarta de Santiago，加利西亞地區的傳統甜點，表面印有象徵聖雅各的十字架圖案），然後在路邊停下來大口暢飲冰可樂，笑笑鬧鬧，不知不覺就抵達了山頂。

因為天氣好，山頂的視野極佳，我們紛紛被眼前大景震懾，更不敢相信自己的雙腿和眼睛，第一次覺得身體與山之間沒有距離。我們滿懷欣喜逛著小鎮商店，走進教堂巡禮，然後往庇護所走去。

我從來沒有用一整天的時間，跟同個人結伴行走，這是旅途中第一次，我很驚訝自己真的放下了往日的固執。庇護所的床位夠多，義大利軍團也來了，還有子莫，我們都被安排在同一個區域。Alessandro和子莫前來提出晚餐邀約，請我加入他們一大群人的聚會，但我拒絕了，我說自己實在無法跟一群人一起，我喜歡獨自一人，或最多只和他們兩位。他們沒有勉強，謝謝能夠被理解。

不過我還是拎著敏勇出門吃飯，路上認識了同樣來自韓國的海瑞，我們走進同一家

餐廳。海瑞看起來大我十歲左右，定居在美國，他跟我們分享自己的故事——他的妻子於幾年前過世，但他仍然無法走出傷痛，來到朝聖之路是一種過渡，他希望聖城不是終點，而是人生新的開始。我和敏勇眼淚撲簌簌流下，哭得不能自己。他也分享喜歡的歌劇和戲劇，我們都愛《實習醫生》。這頓晚餐雖然不在預期中，多了陌生人，但我感到很充實、沒有不自在，我們喝完一瓶白酒，味道非常好，也喜歡今晚的包心菜湯、烤雞和薯條。

飯後我們再度為夕陽驚嘆，散步去買些小東西。超市位於神祕的邊坡，我們循著旋轉階梯而下，竟走進如同《哈利波特》般的電影場景裡，屋裡的暖爐燒得正旺，把我們的衣服烤得暖呼呼。我買了一塊香皂，前天晚上把喜歡的手工蔬果皂忘在庇護所，它可以同時用來洗臉和洗澡，本來還暗自慶幸可以剛好用到旅程結束，結果失算。

睡前敏勇表達了她的感謝，因為今天結伴行走，讓她有毅力一路來到山頂。其實我也是，若不是有她陪伴，可能半路就被其他外觀美麗的庇護所迷惑，而轉身停留。○

Cebreiro的美景令人眷戀，彎彎弦月、燒得火紅的晚霞，還有晚餐際遇。庇護所裡提供暖氣，浴室熱水很燙、水壓充足，都讓人感激。只是淋浴間沒有門，有點驚悚，這條路雖然逐漸讓人卸下心防，但我沒想過，竟然還需要跟人們裸裎相見。

出發前常聽人說起：朝聖之路第一週最為艱辛難行，撐過了後面就會好很多。其實不盡然，只是我們的身體和心已漸漸習慣，能夠在休息過後，卸下每一日的疲憊，重新洗牌，再面對新的一天。就像我已日漸感受不到背包的負重，或是知道該怎麼分配時間，慎重選擇吃進肚子裡的食物，適當喝水補充水果。我想著那些也許曾輕忽山或原野的人，想起自己也時時在調整，交流善意，回應和提醒同樣走在路上的人。

希望在山頂的星空下同樣有個好夢。

Buen Camino.（西班牙語的一切平安，朝聖之路常說的祝福語）

1

2

1 沿途遇見許多迷人的動物。

2 在Las Herrerías的小攤販初嚐聖地牙哥杏仁蛋糕。

3

4

3 可愛直率的敏勇。

4 O Cebreiro 山頂的紀念品店。

Day 26

2022.10.2

O Cebreiro > Liñares > Hospital da Condesa > Padornelo > Alto do Poio > Fonfría > O Biduedo > Fillobal > Pasantes > Triacastela

距離：21.1 公里，行走 7 小時，累計 636.8 公里

高度：爬升 396 米、下降 1,018 米

感冒逆襲

可能是樂極生悲，我過了很糟糕的一夜，翻來覆去總是睡不著，庇護所的暖氣讓室內變得很悶，體感溫度極高，把睡袋稍微掀開來又覺得冷。到處都有人在咳嗽，前幾日Foncebadón那場雨讓很多人感冒了，有些路段根本是迎著別人咳出來的病菌在前進，本來就感到不妙，卻也忘記戴上口罩預防。另外，也許是爬山真的太累人，房裡鼾聲此起彼落，像一首長夜奏鳴曲，我不知道如何入睡，看著時鐘緩緩來到凌晨三點、四點鐘，不知何時終於睡著，但不久後鬧鐘就響了。

醒來時喉嚨有點痛，像是扁桃腺發炎的徵兆，鼻子也有點痠脹。我把昨晚買的香蕉和優格吃掉，盡可能穿得更溫暖。本來很希望能找到地方吃熱食，但是在山裡太困難了，找到的酒吧

只有麵包和果醬。我一邊吃，一邊冒冷汗，環顧四周圍，希望不會遇見熟人，我實在沒有力氣跟任何人攀談。不過走出酒吧前，有人輕輕拍了我的背，回頭一看是海瑞，他沒有看出我的異樣，簡單打完招呼就離開。

我們好像仍在山區行走，下坡後又上坡，在一千兩百米至一千三百五十米之間徘徊，走到一個休息區，買了運動飲料，才覺得體力恢復一點。義大利軍團也在同一處，我遠遠就看見Alessandro，但下意識等他們都走遠了，才動身行走。不知道今天能走到哪裡，查看了應用程式，沿途能夠落腳的地方好像不多，或是看起來沒有提供餐食、附近沒有餐廳。我不能再去公立庇護所了，那是病菌散播溫床，我想要一個舒適的空間，有廚房、有超市，我需要薑茶和熱湯。

∞

痠痛一路蔓延，從小腿攀伸到腰部，上至頭頂，然後往心窩裡鑽，我試著在行走當中冥想，或是回想路上的一切。Charlene說：「妳快要倒數了耶！」，我有點感傷，

最近很容易哭，日記也不知不覺越寫越長，每天都捨不得結束。我哽咽，但鼻子很痛，眼淚飆出的瞬間，髒話也跟著脫口而出，我怎麼能讓自己感冒啊。途中經過兩個小教堂，我都走進去，很虔誠地祈禱，這一路上我從未替自己祈禱過，總是祝願他人安好。今天就把願望留給自己了，希望身體趕快好起來。

教堂過後就是岔路，最近常有岔路，都是通往相同目的地，通常一條是林相茂密的山徑，一條是人車共用的公路。山徑較陡峭些，也考驗膝蓋，公路雖平坦，但會多繞幾個彎，我喜歡山徑多一些。前方有四個墨西哥人，也選了山徑，他們沿路播放音樂，隨節奏搖擺，好不歡樂，遇到比較窄小的路徑時，他們會像走伸展台般，一一輪番獨舞。默默跟在他們後頭的我，也被載歌載舞的歡樂感染，在逐漸升溫的午後好像被治癒了些，感到身體微微舒坦。我們一起走過兩三個村莊，直到看見酒吧，分別停下來吃午飯。

敏勇剛好從酒吧走出來，她連忙問我還好嗎？按平日的腳程，我應該早已超越她

了，但我遲遲沒有追上。我轉達了自己身體不適，她說她也沒睡好，體力大幅降低，已經預訂下一個小鎮Triacastela的庇護所，想早點休息。她問我願不願意一起？我點點頭，她立即打電話幫我預訂，然後要我安心吃午飯，晚點在庇護所見面。

櫃檯上的餐點看起來都很美味，大部分都是蔬食料理，我點了全麥吐司沙拉和現榨柳橙汁，但顯然對此刻的身體不合適。吃進肚子裡時，我忍不住打了個哆嗦，感到全身徹底冰涼，忍不住咳嗽起來，也許是因為座位被樹林包覆讓氣溫更寒涼吧，我盡快吃完午餐，拎起行囊回到陽光下。

背包突然變得很重，腳步也沉重起來，庇護所好像永遠都走不到。抵達時，我的臉色看起來應該很糟，女主人略過入住手續，先帶著我前往客房，一面走，還一面回頭看，以微笑鼓勵著我。感謝老天，房間內同樣有整潔舒適的床單和厚毯，每個床頭都有插座和小燈，需要的時候不必再爬下床。我靜靜看了四周，屋子佈置得很美麗，讓人心安，浴室裡竟然還有吹風機，這是一路以來都沒見過的東西。

但我高興得太早了，洗澡時發現水不夠熱，介於溫與冰涼之間。我讓水流了一陣子，待它慢慢變得溫熱後趕快洗頭髮，結果不到幾秒鐘水又涼了，當機立斷關掉水龍頭，決定今晚不洗澡。我盡快把頭髮吹乾，爬回床上，用厚毯將自己緊緊裹住。恍惚中感覺全身都在發燙，我再度下床，從背包搜出隨身藥品，退燒藥、消炎藥、普拿疼，感謝自己什麼都帶上，希望它們能救我。敏勇在等我吃晚飯，我驚醒過來，向她說抱歉，實在沒辦法出門。庇護所雖然有廚房，但後來想起是週日，超市大概也沒有營業，沒辦法自己下廚。我把原本想去的餐廳地址分享給敏勇，然後又昏睡過去。

不知道睡了多久，醒來收到Alessandro的訊息——稍早因為要分享照片，我們互加了彼此的社群——他問我走到哪裡？我想起早晨刻意避開他們的自己，腳程快我許多的義大利軍團，應該已經抵達更遠的城鎮吧。我告訴他生病的事，沒想到他竟然也在Triacastela，他詢問了我的症狀，說有更好的藥可以給我。不到十分鐘他就出現，帶了藥，還有海鮮燉飯，是我本來想和敏勇去的那家餐廳招牌菜。除了這些，他還擔心

庇護所沒有餐具可用，所以把隨身的旅行刀叉、杯具都一併帶來。

我愣在原地，看著他，忽然有股情緒無法忍住，眼淚傾洩而出，把他嚇了一跳。我對於自己總是充滿防備、與人刻意拉開距離感到抱歉，我是那麼抗拒人群，到頭來卻還是需要人的幫忙。他的關心與滿臉著急神色也讓人感到溫暖，我終於明白，為什麼他會在路上結交許多朋友，而他們看起來就像有革命情感般，惺惺相惜共處在一塊（我也見過一開始成群結隊後來陸續拆夥的人）。

Alessandro問我吃過哪些藥、間隔時間多長，然後叮囑我先吃晚飯，再睡一會兒後改吃他的藥。他輕觸我的額頭，顯然很燙，讓他驚呼：「若不舒服，明天就不要走了，在這裡多待一日。」我艱難地點點頭，可能看上去真的很艱難，他看穿我的疑慮，對我說：「我們快抵達終點了沒錯，但我們可以一起，好嗎？我不會把妳丟下。」我被各種突如其來的情緒淹沒，一陣痛哭，幾乎無法再聽見他後來說了什麼。

∞

海鮮燉飯很好吃，嚐了一口，我才發現自己有多餓，餓到也許能吃下兩份。飯後我回到床上，蜷縮在厚毯裡努力把日記寫完。我也不明白，為什麼這種節骨眼還要堅持寫日記，這種莫名的固執和毅力能讓我有天成為作家嗎？（病中囈語）

敏勇帶了一瓶運動飲料給我，而我想起背包裡還有半支老薑和一份湯料包，於是翻身下床，走進廚房。我把老薑磨碎，煮了一鍋有濃濃薑味的玉米濃湯，雖然是奇怪的料理，但我還是分了一碗，強迫敏勇喝下：「湯也許不美味，但對我們的身體有幫助。」幸好敏勇說好喝，她很愛吃薑，這孩子可真好養。

睡前Alessandro又來看我一次，他覺得我沒有好轉，反覆叮嚀服藥方式後，他請我隔天無論做什麼決定都讓他知道。好，其實我不想停留在這裡，但我會試著不逞強。

1

2

1 前方墨西哥人的歌舞支撐著我越過山徑。

2 路途中，彷彿也在這些澄澈的眼眸裡獲得支持。

2022.10.3

Day 27

Triacastela > San Cristovo do Real > Renche > Freituxe > San Martiño do Real > Samos > Pascais > Gorolfe > Sivil > Perros > Aguiada > San Mamede do Camiño > Sarria

距離：25.8 公里，行走 9.5 小時，累計 662.2 公里

高度：爬升 692 米、下降 914 米

陪伴

「我可以陪妳一起走，如果妳願意，或是妳需要的話。」

我試著接受所有善意，像是一段長程的陪伴，或是一鍋久違的白米清粥。

Alessandro 問我，想留在 Triacastela 還是繼續走？我不想停留在這兒。也許是藥物發揮作用，也許厚毯足夠暖和，夜裡到清晨我全身都在流汗，衣服變得很臭，我想要洗熱水澡、補充蛋白質，更希望不受打擾的好好睡一覺。我知道庇護所午後就會有新的一波朝聖者入住。昨天傍晚來了一群亞洲人，他們住在四人房，進房後喧鬧不已，通常人們在寢室裡都會降低音量，這是第一次遇到吵鬧的人。我想，至少稍微走動一下、換個城鎮，也許十公里左右就好。

我把想法告訴Alessandro，也答應讓他同行，我說自己也許會走得很慢，因為我不確定體能如何。他說沒問題。我們先到庇護所附近的酒吧吃早餐，入店時遇見了他的義大利軍團，有人主動上前打招呼，我隔著口罩虛弱地回應，有點忐忑。幸好Alessandro似乎已先跟軍團說了什麼，他們不久後便先行出發，沒有等我們一起。謝天謝地，他是一個人。

吃完早餐後再吞半顆藥。昨天半夜我也努力爬起來，吃一顆普拿疼，喝掉敏勇給的運動飲料，這讓我舒服許多，至少高燒已退，四肢不再痠軟，目前只有鼻子和喉嚨依然疼痛。感冒的週期通常是七天，其實我很久沒有感冒了，也許兩年或三年？該來的生理期還沒來報到，倒是感冒先來，說不定這些症狀會陪我一路走到終點。

我的步伐好像並不慢，讓Alessandro十分困惑：「妳不是說，妳會慢慢走嗎？」其實我是怕冷，走得快一點，能讓身體比較暖和。今天有兩條截然不同的岔路，會合處是Sarria，一條同樣是山徑，不會經過太多村落，十七公里；另一條則會穿越農莊，

有坡度起伏，二十五公里遠。我無暇思考這些里程數，因為連自己到底能走多遠都不清楚，Alessandro則是埋首在他的紙本地圖裡苦思，一閃神我們就走上二十五公里那條路。

一路都依賴手機應用程式的我，後來才知道有些人是查看紙本地圖或翻閱書籍（市面上有些朝聖之路的專書可參考）。我已經太習慣科技了，卻沒想過不同的年齡層，對於工具的運用仍存有分際。Alessandro比我年長許多，已是知天命的年歲，他憑著書裡的地形解讀，搭配道路指標，竟也安穩地行過六百公里路，我心裡微微震撼著。但手機尚未發明的年代，從前的朝聖者不也是如此嗎？路就在那裡，我們不必低著頭。

∞

到底路過哪些村落，我幾乎沒有任何印象，只知道身體沒問題，能夠繼續走，口渴或餓了就找地方喝水、吃東西果腹。我們在一個僻靜的小農莊吃了現烤的馬鈴薯烘

蛋，遇見義大利軍團其中兩人，Alessandro 和他們聊了一會兒。我靜靜看著他，他長得很好看，吃飯或說話時舉止都很優雅，體態也維持得很好，感覺是個懂得愛自己、也能把自己照顧好的人。

走路的時候，我們大部分時間都很安靜，偶爾才娓娓談心，而不是喋喋不休、急切地交談。他會說英語、西班牙語和日語，都是自學而成。那日在 Foncebadón 見到我，心想若我是日本人，就可以讓苦練已久的日語派上用場，可惜我不是。我教了他幾句中文，他學得很快，感覺很有語言天分。

我跟他分享在蘭嶼的生活，他查看 Google 地圖，對於周圍緊鄰著海的小島驚嘆不已。他也喜歡海、喜歡釣魚，我找出夏季和長輩們去釣魚的照片給他看，他眼裡閃爍著愛心。我們聊到書店，巧合的是，他曾做過十年的書籍經銷商，如今雖已不在業內，卻仍理解出版與書店經營的難處。他也喜歡閱讀，是保羅．科爾賀的文字帶他走上朝聖之路，著迷日本文化的他更讀了不少村上春樹、石黑一雄的作品，甚至帶上《克拉拉與太陽》邊走邊讀。

後來聊到書店的建造過程，我告訴他，蘭嶼人都是自己蓋房子，他感到很驚訝，因為房屋裝修正是他目前的本職：「妳是說，如果我去蘭嶼，會找不到工作？因為你們都自己來？」「那我就沒有錢可以去書店買書了。」

我們不知不覺聊了許多，儘管我的英語表達實在有限，幸好還有翻譯軟體能借助理解。中午過後，收到莊大哥的訊息，他已經抵達Sarria，我看著地圖上的距離，暫時不敢遙想，但我已經比出門前預期的十公里走得更遠。途中遇見Ger，這次我給了他一個擁抱，告訴他我正在養病中，很開心看見他安全躲過感冒的襲擊。

路上逐漸出現一些學生團體，我曾聽說，加利西亞地區有些學校會帶孩子們來朝聖之路，走其中的一百公里作為體驗。他們看起來是高中生，正值活潑叛逆的年紀，經過我們身邊時會調皮地擠眉弄眼，說些黃色笑話，空氣頓時變得有些曖昧。

∞

忘記為什麼跟Alessandro聊到蘭嶼人「想做的事不能說出口」、「身體先到，才能說

話」的生活哲學，他搖搖頭表示不贊同，認為應該要勇敢地表達需求，練習說出自己想說的話，不管能不能實現。我想起出發之前，「棉樂悅事」創辦人念慈來到書店分享新書《女，走往身體的朝聖》時，無意間發現我即將遠行，她喊出：「妳要去走朝聖之路！」她說這是尼泊爾式的祝福，將心願高聲宣告，宇宙便會傾力給予支持。我當時心裡也略微動搖，也許我該搬去尼泊爾？

遇事不願樂觀、總是不敢懷抱希望的我，把自己藏身在島嶼不語的慣性中，誤以為是對靈魂的最佳保護。其實最終，仍然是我沒有勇氣擁抱自己的怯弱，沒有接受自己並非百分百完美，沒有允許生命出現任何小錯漏。Alessandro說：「沒有達成又怎麼樣呢？我們就不斷嘗試，直到找到適合妳的方式為止。」

在體力逐漸抵達極限時，我們望見一條長階梯，沿建築蜿蜒而上，頂端是一座熱鬧的小城，Sarria，我感到有些錯愕，不敢相信自己走到這裡了。Sarria是一個重要地標，距離聖城僅剩最後一百公里，許多人選擇Sarria作為短程朝聖之路起點，它也是

法國路線和原始路線（Camino Primitivo，從西班牙北部Oviedo出發，全程三百一十公里，是最初、也最古老的路線）的交會處。

踏上最後一級階梯，Alessandro要我轉身，朝著來路大聲吶喊：「我們去他媽的做到了！」我笑著照做，上一個教我大聲罵髒話的是A，這個巧合令人莞爾。不過他們兩人性格截然不同，Alessandro很會照顧人，而A可能連照顧自己都有困難，比較傾向是被照顧者。

∞

找到庇護所稍事休息後，我們出門去看看這座城市。路上分別遇見莊大哥、義大利軍團，還有我的荷蘭奶奶，已經兩天未見她們。Margreet和我一樣感冒中，她們說預計五天後就會抵達終點，隔日便飛回荷蘭，所以此刻正在一一尋找認識的人，提前跟大家說再見。我別頭過，忍住鼻子裡的酸楚。

午後的溫度相當和煦，我們看了夕陽，我教Alessandro練習「太陽下山」和「太陽升起」，ㄢ、ㄤ對義大利人來說好難。他的軍團邀我們共進晚餐，我私下搖搖頭，請他獨自赴約就好。但是他推辭了，我們兩人躲進一家較遠的餐館，吃了一頓非常美味的漢堡。莊大哥在庇護所廚房為我煮了一鍋白米清粥，我非常感激，但胃裡實在沒有多餘空間，也沒有容器可帶走，只能淺嚐幾口略表謝意。

久聞義大利人擅長調情，我好像在Alessandro身上證實了這一點，雖然他跟我說話時，多半正經且誠懇，但很難不注意到他與其他女子談笑風生的模樣，就連今晚睡在我們隔壁床的陌生女室友，他也能在三分鐘內迅速混熟。我覺得胃裡除了漢堡，好像還有其他東西在翻攪。

睡前抬腿時，仔細看了雙腿的線條，確信自己真的瘦了，而且瘦到教人心疼。

Alessandro ◦

2022.10.4

Day 28

Sarria > Rente > Molino de Marzán > Peruscallo > Morgade > Ferreiros > A Pena > Mercadoiro > A Parrocha > Vilachá > Portomarín

距離：22.4 公里，行走 5.5 小時，累計 684.6 公里

高度：爬升 521 米、下降 583 米

重回戰場

誰說我沒等到生理期？她一早就來報到了，幾乎跟起床的鬧鐘同步。

我的生理期與感冒，就像這些從 Sarria 出發的新面孔一樣，在最後一百公里來湊熱鬧。鼻塞轉為流鼻涕，也不再只是乾咳，開始有痰，也許病毒們正在想辦法逃離我的身體，他們可能知道我脾氣不太好。

體力和精神都大為恢復，感覺可以獨自行走了。分開前我仍和 Alessandro 一起吃早餐，好喜歡這兩日吃到的麵包，吞下之後牙齒留有餘香，果醬和奶油也很棒，讓我對平常不習慣的組合大為改觀。飯後我們便各自出發。

一路上人潮洶湧，好像回到啟程的第一天，我看見人們臉上

寫滿雀躍，有人望著手機裡的地圖，看上去十分困惑，有人頻頻停下來拍照打卡。放眼所及四處都是人，像是大型戶外教學現場，莊大哥還用「進香團」來形容，我覺得好貼切呀。

這些新面孔讓路途增添了幾分煩躁，大多數人結伴並排走在路徑上，若聽見後方有腳步聲或登山杖擊地的聲音接近，也不會稍微分開來、讓出走道，有些步伐較快的人便無法先行；而當新人們中途想停下來時，也不懂得靠邊，而是直接停在路中央，讓本就不寬敞的路徑頻頻堵塞。我想起夏季來到蘭嶼的失序觀光客，怎麼在一萬公里遠的地方，還是沒辦法逃離這些喧囂呢？我心浮氣躁，也許他們該人手一本新手須知，先學習如何當個有同理心的朝聖者。

走了幾公里，實在無法再忍受，我打起精神，把自己切換到戰鬥模式，恢復往日的競速疾走，並盡可能有禮貌地，回頭對每個被我超車的新人展現如啦啦隊員般的燦爛笑容：「Buen Camino!」

沿途亦有脫序行為，我看見一些新人，在沒有消費的前提下走進酒吧使用洗手間，被店員罵了出來。有些能夠蓋印章的店家則是大排長龍——據說，從Sarria出發的朝聖者，每日至少要收集兩枚印章，以確保沒有作弊，經朝聖者辦公室核對如實，才能夠領到證書——所以新人們都努力擠進酒吧和教堂，務求把護照蓋滿。

我在一個酒吧遇見Alessandro，和他同桌的是昨晚鄰床的兩位女室友，他們馬上成為朋友了？但我沒有心情理會這些。他起身挪了張椅子給我，我面朝馬路，對人群翻了一個白眼，他心領神會：「這不是我的朝聖之路！」「我不想再見到更多的新面孔。」他說朝聖之路就像是自己的家，此刻我們正在後花園裡曬太陽，忽然有大批陌生人開門闖進來。我覺得這形容很好笑，但也貼切，總之路上的寧靜與祥和蕩然無存，眼前更像是一場大亂鬥。

他也適時提醒我住宿的事，既然路上多了數十倍的人，想必庇護所也變得很熱門，我們最好從現在起，安排好每一天的路程、落腳何處，然後提前預訂庇護所。我猶豫

了片刻，便點頭答應，我們決定停留在距離Sarria二十二公里處的Portomarín，也立即打電話尋房，果然每一家庇護所都客滿，連續問了三家才訂到空床位。好熟悉的感覺，重回第一週，重回久違的戰場。

Alessandro沒有繼續跟兩位女室友攀談，我們又一起行動了。

∞

我不喜歡今天，不喜歡這些氛圍，路上當然還是有許多美好景色，但是人的部分我需要先跳過。我看見一些新人大約走五、六公里，腳就起水泡，他們表情痛苦地脫下鞋襪貼OK繃補救，有些人坐在路邊拉筋，有些人用歪七扭八的步伐下坡，也有些人背包顯然裝得太多，也許超出了理想的負重。更看見一部分不適合長途健行的穿著，好想提醒他們，這不是城市郊區的遠足踏青啊，做好防護並照顧自己，是上路的第一門功課。

因為競速疾走的緣故，我們很早就抵達Portomarín，庇護所在教堂附近，寧靜了

些，公共區域很美，有一個日照充足的陽台能夠休息。昨晚洗的衣服都沒乾，我重新洗過，正好可以在陽台大曬特曬。Alessandro進房後神祕兮兮的走出來對我招手，我進去一看，竟然是敏勇！好開心她也在。

∞

我睡了午覺，醒來時，Alessandro正在陽台跟另外兩人閒聊，她們是Alba和Veronica，身材勻稱、五官極為美麗的西班牙女孩。我的胃裡又一陣翻騰，他到底要跟多少人攀談？不過，既然身體已好轉，的確不需要繼續跟他走在一起。我心裡很不是滋味，也不太確定為什麼。而他見我醒了，起身拉我出門散步，我還是去了。

我們在教堂前的廣場遇見各自的朋友，大家話題都圍繞在嘈雜的人潮，沒想到倒數一百公里會如此熱鬧。幸好小城還算清幽，我們走到一個更安靜的教堂，坐在階梯上發呆。接著義大利軍團也走過來，有人隨手舉起相機，幫我們拍下合照。軍團之一、來自秘魯的女孩Gina說，她遠遠看著我們，看起來就像只有一個人，我和

Alessandro 各自是一條腿、一半的身體。我們一邊傻笑一邊陷入沉思，兩個人合成一個人是什麼意思呢？好新鮮的描述。不過，我們有些喜好的確很一致，甚至有一模一樣的背包和睡袋，以致昨晚分別睡在上、下鋪時，還不小心搞錯。

距離晚餐時間還很久，我提議先吃冰淇淋，Alessandro 不可思議地望著我：「在晚餐前嗎？」我說當然，就是現在！小城正好有冰淇淋店，我點了薄荷和顏色很像芋頭的口味，不知道那是什麼，它是全部口味中我唯一看不懂的，所以勇於嘗試；他則選了草莓與覆盆莓。冰淇淋很好吃，他驚訝地說，這真是個很好的點子。他教我一句俚語，適用於當你吃到非常美味的食物時，但我試著翻譯，中文竟顯示為「離家出走」？不過，好吃到離家出走聽起來的確合理。我則告訴他，通常這種時候我們會說：「活著真好！」

在你競速疾走了二十二公里，穿越喧鬧嘈雜的人群，大汗淋漓後洗個舒服的熱水澡，洗好的衣服晾曬在溫熱日光裡，有一個午睡空檔，還能在晚餐前大快朵頤冰淇淋時，活著真好。

晚餐請當地人推薦，我們吃到了聞名的章魚和扇貝料理，不管是海鮮本身或醬汁調味都很出色，Alessandro還多點一份麵包來沾盤子裡的醬汁。但他說章魚有點辣，小心翼翼避開盤裡的辣粉，我吃不出哪裡辣，找了麻辣鍋的圖片，告訴他這才叫辣。他搖搖頭，顯然義大利人的舌頭對辣的感知和我們不太一樣。餐後他推薦了西班牙的特色「夏日紅酒」，是紅酒加蘇打水，放入冰塊和檸檬片，味道比Sangría清爽一些，也不至於讓人醉。活著真好。

回到庇護所，我們坐在陽台躺椅，讀那本我在León買的西班牙小書。也終於把自蘭嶼移居台東，後來親密如同家人的仁宜、小琪送的旅行蠟燭點上，熟悉的檜木香，伴隨淡淡的廣藿香氣與葡萄柚甜味，思緒終於平緩下來。我們將隔天的路程安排好，訂了有廚房可用的庇護所，Alessandro想下廚，我很期待。

他說，他也覺得自己瘦了，出發時是個壯漢，現在卻瘦得像一根棍子。

好想看看他最初的模樣。

Day 29

2022.10.5

Portomarín > Gonzar > Castromaior > Hospital da Cruz > Ventas de Narón > Ligonde > Airexe > Portos > Lestedo > Os Valos > Palas de Rei

距離：24.8 公里，行走 9 小時，累計 709.4 公里

高度：爬升 636 米、下降 459 米

再度撞牆

越接近聖城，我對沿途經過的城鎮印象越來越模糊，自從感冒以後，行走的日子都變得飄忽，時間彷彿也加速快轉，總是來不及消化反芻，眨眼一天就結束。

這是我踏上朝聖之路的第二十九天。Alessandro 雖早我兩日啟程，但因為曾在大城市多作停留，所以後來才有機會腳程重疊。我們與兩位朝聖新人擦肩而過，他們正在馬路上合照，興高采烈說著我聽不懂的西語，Alessandro 幫忙翻譯：「他們說，這是第二天。」我無法克制地在路上大笑起來，既莫名又失禮，但對照過去二十九天，對照滿腹故事的漫漫長路，終點已近在眼前，進入倒數，卻只是新人們的「第二天」，我忍俊不禁，昨日沿途所生的悶氣也一掃而空。

路上人潮明顯少一大半，不知道是不是大家更早出門，或遲遲無法下床？儘管不再生悶氣，但一邁開步伐，我就知道自己又撞牆了，雙腿完全不聽使喚，全身上下每一個細胞都不願意行走。上個月生理期來時，我人還在飛機上，蜷縮在柔軟的毯子裡靜靜飛過幾千公里，睡到一半會被輕輕喚醒用餐，吃飽後再繼續熟睡，如此循環，想想那時候真是幸福。其實只過了三十天，我走得比預期中還要快，但有些記憶已經非常遙遠，像是上輩子的事，例如在Logroño吃的第一支冰淇淋，例如與Bunny夫婦的相遇，例如第一次撞牆，爬進庇護所坐地痛哭的情景。

也許老天感受到我的心情起伏，祂回贈了極為美麗的日出，雲纏繞在山間，像對朝聖者們低語。我們走在高低起伏不斷的丘陵地，對一個正值生理期的血崩女子而言，每一段坡度都值得咒罵，但我盡可能心懷感恩，因為此刻下腹部未如往常那般痛楚，沒什麼好埋怨的。

∞

我試著主動與新面孔們攀談。一位來自加州、語速緩慢而溫柔的女子說，礙於工作的關係，她只能請三天假，加上週末，剛好五天的時間能夠體驗其中一百公里。來自馬來西亞的短髮女子則說，這一切顯然比她想得更困難：「一路總會讓人如此疲憊嗎？」，我說是的，一開始的確會很疲憊，但抵達庇護所好好休息一晚後，隔天又是全新的一天。她微微鬆了一口氣，看起來寬慰不少。我能理解啊，「開始」並不容易，不論翻越庇里牛斯山與否，起步就是對體力和耐心的同步考驗，不管事前做了多少功課，一切都要等出發之後才能感同身受。

想起第一週的我們，滿懷期待踏入山徑，然後被擊垮，疲憊不堪且茫然了幾日，才慢慢找到適合自己的步調，調整好呼吸和心情，然後學會適應各種地形變化。我們只是多走了一段時間，多走了一些路，不代表體力耐力比他們更好。我們只是身體早已習慣了。

∞

我仍和Alessandro同行，沒有特別約好，就是自然而然同時醒來，一起吃早餐和出發。同行的意義是什麼？我仍需要這個人的陪伴嗎？處於撞牆中的我步伐沉重，腦袋也十分渾沌，感覺內心有什麼闖了進來，我需要一個人靜一靜。

我們漫步經過一座石碑，上面標示距離聖城只剩下七十八點一公里，Alessandro問我，知道那是什麼意思嗎？我只遲疑了三秒，驚呼：「已經走完七百公里了！」好長好長的一段路，我終於放心高聲歡呼，真的要倒數了，真的！

我們在石碑旁的長椅休息，我試著為自己按摩，同步梳理混亂的思緒。想了想決定告訴身邊的他，明天開始，我希望能回到一個人，我想回到最初出發時，只和自己獨處的狀態。這些陪伴我的確感激和珍惜，但我能分享予他人的時間有限，三天已經夠多了。他滿臉愁容、不發一語，而我心裡也有點難受，不知道自己究竟說了什麼。

在時間幾乎靜止的沉默中，他吻了我——我知道遲早會發生，更確切來說，我期待

發生。他說出了自己的心意，其實說與不說我都是知道的，我也喜歡他，但此刻我不想放大這些情感，我沒有心理準備要在路上建立一段關係。他的朋友們都很和善，不過那大多與我無關。在路上，我也有許多朋友，儘管彼此沒有留下聯繫方式，但我知道，只要我獨自行走，他們就會再度出現，也許我會陪他們走一小段，也許我會用力擁抱他們，好好地說再見。我想念這一路會用各種方式陪伴我，以及與我分享許多故事的人，如果進入一段關係，也許我會失去這些？

前方還有最重要的事在等我，我想要緊緊守護如初的心念——獨自走到終點。我真心以為，當你極度渴望某件事的時候，一定要「獨自」專注且堅定地朝那方向前進，任何「喜歡」或「愛」若被放大，也許會失去平衡，至少我是如此擔憂著。此刻，我只想跟自己在一起，不被束縛。我希望我是自由的。

∞

傍晚前抵達Palas de Rei的庇護所，我們各懷心事，不巧，分發到的八人房寢室居

然是義大利軍團全員集合，我感覺自己極其突兀，但也沒有空房可換，只能認命待一晚。更糟糕的是，Alessandro在抵達前忽然肌肉拉傷，他的小腿至腳踝處疼痛不已。放置好行李後，我趕緊出門買冰塊讓他冰敷，也翻出隨身藥袋，給了他消炎藥和肌肉鬆弛劑，這本來是沿途都希望不會派上用場的藥，沒想到用在此時。

因為他受傷，無法照原定計畫下廚，所以改由我來。我在廚房先遇到敏勇，順便邀請她共進晚餐，她喜孜孜答應。我做了家鄉味番茄炒蛋，以及朝思暮想的炒泡麵，敏勇則做了創意料理，她為麵包抹上水蜜桃醬，夾入起司與培根，鹹中帶甜非常解膩，Alessandro吃了之後嘖嘖稱奇。

他看似有話想說，但我們都不知從何說起，我仍堅持要一個人走路，他只好無奈地結束對話。我疲倦極了，努力把日記寫完，最近都寫到太晚而睡眠不足，很可能就是導致撞牆的主因。但是明日我想要更早起一些，去吃一頓久違的獨處早餐。

我在腦海裡羅列想要見面和擁抱的朋友清單，希望抵達終點之前，能夠再見到這些人。

稍早在超市採買時，我看見貨架上的小熊軟糖，想起初見Bunny和Patric的場景。當時他們在豔陽下迷路，而我正厭世不已。Bunny跟我分享小熊軟糖，她說補充一點糖份會讓我們舒服些，於是我半推半就吃了三顆，Patric還想催眠我繼續吃下去，但那幾顆軟糖果然帶給我一些能量。後來我們住進同一家庇護所，共度極為美好的夜晚。想起這些，突然非常思念他們，我順手買了一包小熊軟糖，邊吃邊走回庇護所。未來只要想念他們，我就吃小熊軟糖。

走過七百公里，終點已在不遠處。

Day 30

2022.10.6

Palas de Rei > San Xulián del Camiño > Ponte Campaña > Casanova > O Coto > Leboreiro > Furelos > Melide > Boente > Fraga Alta > Ribadiso > Arzúa

距離：29.2 公里，行走 8.5 小時，累計 738.5 公里

高度：爬升 621 米、下降 803 米

倒數

我的英聽能力越來越差，每天夾在西式、法式、韓式、義式和加拿大英語之間，還有最近從Sarria加入的亞洲口音，新加坡、日本、馬來西亞，我快搞不清楚每個單字的正確發音。Alessandro也是，他偶爾還需要我幫忙轉譯，但我常常聽到出神，好希望有人來跟我說中文。我連中文語法都逐漸感到陌生，日記也寫得極為吃力。

早晨醒來時，Alessandro已經不在房間，他的床鋪空蕩蕩，像是已經出發，顯然也沒有跟軍團打招呼，大家都好奇他為什麼先走了？我沒有說話，安靜地收拾好背包離開現場。

我盡可能不去想他，專注於自己的步伐。我找到一家溫馨的小酒吧，人潮尚未抵達，能夠獨享片刻安寧。店主是一對很有

默契的父子檔，他們將櫥窗打掃得一塵不染，店裡洋溢麵包香和咖啡香，甜點看起來都十分可口。我點了烘蛋、柳橙汁與咖啡，在暖黃燈光下，眼前的早餐讓人食慾大開。我還找到聖年專屬的紀念章（每年七月二十五日是聖雅各受難紀念日，如果剛好落在星期日，那一整年就會被定為「聖年」，上一個聖年是二〇二一年，但因為疫情關係，特別破例延長到二〇二二年），少見的鮮黃色印泥讓圖案彷彿散發著光芒，我好喜歡。

終於有力氣再度端詳每個村落或小鎮，每到一處，都提醒自己停下來深呼吸和休息。過去三天如同行屍走肉，此刻，我終於感覺靈魂和身體重新歸位。

新面孔當中有不少亞洲人，我現在才知道韓國人佔多數的原因——韓國有個綜藝節目叫「西班牙寄宿家庭」，製作團隊特地去到Villafranca del Bierzo小鎮經營庇護所，並提供韓式料理，讓來自韓國的朝聖者能品嚐久違的家鄉美食，節目聲名大噪，於是有更多韓國人慕名前來。據說在濟州島也有一條復刻版朝聖之路，其創始人走過西班

牙後深受感動，於是回到家鄉開闢「濟州偶來步道」，也別有風味。

昨日顯得頹喪的馬來西亞短髮女子看起來已恢復元氣，她遠遠看到我，便轉頭高聲對同行友人們說：「那個女生從法國出發！而且她全程都背著行李！」，我覺得有點害羞，好像從法國出發多麼了不起，但其實只是天數比較長、里程數比較多罷了，身體和心靈每一天都會重新洗牌，沒有誰比較厲害。

甚至，接近倒數的這幾日，我總覺得路途變得艱難，也許是因為身體尚未康復，也許是被吵雜擁擠的人潮影響。有點像某些日子，明知道只剩下幾百公尺就要抵達待落腳的小鎮，但路忽然變得很長、異常遙遠，明明是幾分鐘的路程，卻彷彿走了幾個世紀都走不到。

眼前的坡道更如同我的思緒，上下起伏，我試著不抬頭看上坡路的盡頭，假裝不知道會比較好。左邊膝蓋內側出現一個瘀青，右邊腳踝也有一個，還有一個在左手腕，但我並沒有跌倒或碰撞，不知道瘀青怎麼產生，也許密集的行走和負重對沉寂多年的身體而言過於激烈吧。

∞

Alessandro懇求我讓他知道今晚在哪裡落腳，希望至少能待在同一個城鎮，我要去Arzúa。他的腿傷並沒有好轉，但很堅強地走了遠路，甚至比我更早抵達。

我住的庇護所有兩層樓，一樓已滿，我被分配到二樓，偌大房間只有不到十位室友。庇護所的浴室出奇寬敞，平常一個人在浴室裡要轉身都有點困難，而這裡卻幾乎可以同時容納五個人。廚房和用餐空間也不小，我確認過餐具和調味料後，便出發去超市採購，今晚想嘗試用鑄鐵鍋煮粥，我還沒用過電鍋以外的鍋具來煮白米呢。

Alessandro又傳訊息來，問能不能一起吃晚飯？我實在被逗樂，答應給他一支冰淇淋的時間。我們坐在超市附近公園，聊著今日各自在路上的小事，但有默契閉口不談得太深入。天色逐漸變暗，他央求我讓他吃頓便飯，他真是個跟屁蟲。英文裡好像沒有這個詞彙，我試著轉譯為「像個六歲小孩，一直跟在媽媽屁股後面」，他哈哈大笑。

∞

廚房很安靜，沒有其他人使用，Alessandro 幫忙洗菜、切備料，我洗米煮粥。大火滾水，小火燉煮，接著關火，覆上鍋蓋繼續把白米飯悶軟。然後我在平底鍋翻炒培根、洋蔥和大黃瓜，加入鹽巴和胡椒調味，待蔬菜都出水後，全部倒入鑄鐵鍋與米飯拌勻，最後打入雞蛋。

一位日本室友聽見廚房有動靜，前來查看，她好奇地問我在煮什麼？並表明了自己是個烹飪老師。我有點緊張，告訴她鍋子裡是鹹粥。台式口味嗎？可以這麼說，但配料不是真正想要的，畢竟這裡是西班牙。我們相視一笑。她說希望能嚐一口，我答應了，沒想到她又進一步問能否邀她的丈夫一起？雖然才來到歐洲第五天，但他們非常想念米飯的味道。幸好粥很大一鍋（我總是煮得太多），於是我邀約日本夫婦共進晚餐，Alessandro 顯然很開心，他剛好可以練習日語。

一開始他們都說只嚐一點點，因為已吃過晚飯。結果每個人都各吃了兩碗，滿滿一

鍋粥一掃而空，餐桌上同時收集到日語和義語的「好吃」，內心有一點點滿足和虛榮，我忍不住拿起手機為淨空的鍋子拍照，把大家逗樂。那鍋鹹粥的確非常美味，希望回台灣後我還記得怎麼煮。

∞

Alessandro離開庇護所前，問我昨晚是不是做惡夢？因為他聽見我睡覺時發出囈語。是的，我夢見把沿路拍的底片送去沖洗，但洗出來全是白片，在夢裡嚇出一身冷汗，沒想到還發出奇怪的聲音被聽見了。

走過一片充滿香氣的野生薰衣草，想像自己走進普羅旺斯。

Day 31

2022.10.7

Arzúa > Preguntoño > As Quintas > A Calzada > A Calle de Ferreiros > Salceda > A Brea > Santa Irene > A Rúa > O Pedrouzo

距離：19.2 公里，行走 6 小時，累計 757.7 公里

高度：爬升 365 米、下降 464 米

霧起與霧散

每一步都變得更慢了，不是走不動，而是對眼前的一切感到不捨。你試過花一整個月的時間只專注於走路嗎？專注於身體與路面，或快或慢的速度調整，單純的行走。一公里、十公里、一百公里，終於距離目的地只剩下幾十公里，明天我將要抵達——確切來說，是「我們」，不管是從法國出發長途遠征的老朋友，還是近期加入的新人，我們都會一起抵達，那座心中仰望已久的聖城。

昨日天未亮出門時，小鎮教堂已經點燈，為路過的朝聖者蓋章，儘管我沒有收集印章的壓力，但因為護照還有一點空白頁，便走了進去。這幾日晨間都有霧，今日的霧更是極美，雲霧像一條細腰帶，纏繞在草原和樹木的分際，也將房屋包圍，

有些則沿坡道爬升，像為我們鋪上銀白色地毯。遠景蘢罩在霧裡，如添加濾鏡般朦朧且浪漫。怎麼捨得呢，路上的一切。

連兩日都巧遇的濃眉女孩追上來打招呼，她是來自匈牙利的Monica，也從SJPP出發。雖然已是路程倒數，我們仍持續交流、認識新朋友，遇見走了同樣遠路的朝聖者令人激動。並不是要分化人群，單純只是對於明日的期待略微不同，對比三天前起始的期待，三十天以來的期待夾帶更多心境轉折，此刻我們更傾向對有共感的人傾訴。

Monica說，其實她還不知道結束後人生會有什麼改變，她並沒有體悟出來。出發前她覺得人生平淡無奇，但走了這麼久，一時半刻好像也沒有收穫。我想起稍早遇見的韓國姐姐貞敏，當時我正埋怨人群擾亂了平靜，貞敏卻有不同看法，她迷戀這些喧譁。她的住處長年寂靜，不，她是用「沉默」來形容。年近五十歲的她，父母皆離世、身邊朋友們也已成家，而她工作之餘沒有其他休閒，下班後就是回家待著，沉默地數著日子，所以她踏上朝聖之路收集各種聲音。那一刻我才知道，原來不是所有人都想

要追求平靜，平靜的另一面可能是寂寞與孤獨。看著眼前的Monica，我回應，答案可能不在路上，而是顯現於往後日常，就讓時間沉澱，她點點頭說也許吧。

Monica小我兩歲，我們也有同樣的背包和登山杖，總是穿得全身黑，她說每次和我擦肩而過都會注意到這巧合，而我總是遞上溫暖的笑容，她想牢牢記住這些畫面。原來一個笑容，就能帶給別人印象深刻的感動。我們走了一小段路，離別前拍了合照，祝福彼此順利。我想起率真又活潑、對世界充滿好奇的敏勇，如果能放下獨自抵達終點的執念，我希望身邊的人是敏勇。

我吃了聖地牙哥杏仁蛋糕和微酸的檸檬汽水，霧逐漸散去，太陽烤著我的頭頂和背，是久違的炙熱。左邊膝蓋好像不高興，因為兩天沒有為她按摩了，按摩真的很重要。背包此刻很重，昨晚手洗的衣服沒有乾，加上沒吃完的半包米和水果，感覺行囊逼近十公斤，到底還有什麼可以丟？

越接近聖城，路上也越來越多迷人小攤販，好像來到花蓮海或市集的現場，喜歡那些讓人沉靜下來的線香，有人在頌缽，有人手繪纏繞畫，有人做酒瓶裝置藝術。有些

朝聖者停下腳步，有些人匆匆略過，但這些美好的流動與存在皆令人感激。我走向穿著打扮有波希米亞風味的小販，買了一條樸素的陶製項鍊，上面用白色顏料畫了群山和太陽，先前的貝殼手環莫名其妙斷了，就用這條項鍊取代它吧。

∞

Charlene說她很喜歡最後那一座山，我終於可以跟她分享細節，關於第三階段，感覺正是為了讓我們重新回顧所有歷程。我已來到回顧尾聲，偶爾迷戀不捨，偶爾焦躁不安，但此刻忽然意識到，也許人聲鼎沸也是朝聖之路給予的功課。抵達終點後，除了少部分人會繼續行走，前往世界的盡頭，其他多數人的旅程則到此告一段落，我們會回國、回到原本居住的地方，也會回到工作崗位，回到現實生活。眼前如現實般的嘈雜喧鬧是為了提醒我們，外面的世界如舊，我們也許收穫了想要的平靜或獨處，支持或朋友，但走路的純粹無形中也像個真空玻璃罩，把人們隔絕在其中，暫時不必煩憂其他俗事，然而最終，我們都得要走出玻璃罩。

我恍然大悟。

這些年來，因為飽受程度不一的騷擾，又因為島嶼人際網絡界線模糊，沒辦法舒適地釐清、保持明確的距離相處，身為一個高敏感人兼社交恐懼者，身心因此倍受煎熬。於是我建構出一個巨大的玻璃罩，讓自己躲在其中，甚至有很長一段時間不斷自我檢討：是不是我的言行舉止容易讓他人誤解？我做了什麼不該做的嗎？有人說，我不該總是面帶笑容；有人說，我對人都過度和善。於是我隔著玻璃罩，隔絕所有難以捉摸的互動，當然也隔絕了一部分良善的交流。

然而朝聖之路上種種純粹的善意，以及基於求生的渴望，讓玻璃罩開始碎裂，新鮮空氣得以滲透。我終於明白，從前所感受到的惡意是外在環境或他者的生活背景、性別偏見使然，跟我的存在、言行與穿著皆無關。

躲在玻璃罩裡的我是否變得更強悍？也許沒有，但走完漫長的旅途，此時我知道，離開玻璃罩以後，我有足夠的智慧和勇氣能保護自己了。拿下玻璃罩，玫瑰花依然可

以是玫瑰花，或許荷蘭奶奶、敏勇、Alessandro和義大利軍團的出現，都是上天派來協助我釐清和學習的。

想起一個很喜歡的達悟語詞彙：Jikanyahey不要害怕。

不要害怕，便沒有東西可以阻礙妳要的自由。

∞

我回訊息告訴Alessandro今晚要前往的庇護所，但也讓他知道，明天我想邀請敏勇同行，一起踏上終點。我真的很喜歡敏勇，在她身上，我看見了從前無憂無慮、不預設立場、不刻意防備他人的自己。

Alessandro雖然想表達抗議，但也莫可奈何，他的腳傷仍未修復。我們去了一趟藥局，藥師確認是肌肉拉傷，確認我給的藥妥當，可以繼續服用。藥師沒有力勸他別走路，只叮嚀要記得冰敷、按時吃藥，然後盡可能慢慢地走。我想位於終點前沿路的藥局應該都很明白，「不能走」這句話此時沒有人聽得進去。

路人都投以同情目光，看著他走路一拐一拐，有人熱心提議：「你可以用冰淇淋冰敷」，Alessandro回覆：「我想用冰塊會比較合適，但冰淇淋可以用來冰敷我的舌頭」，這段對話讓我站在馬路旁笑到流淚，所以我們去吃冰淇淋。今天是薄荷巧克力、覆盆莓和提拉米蘇口味，我指了指正在吃冰淇淋的另一名朝聖者：「快看他，我一路都覺得他好眼熟，好像《魔戒》裡的甘道夫！甘道夫有需要徒步嗎？」，換Alessandro笑到流淚。

∞

晚餐和敏勇相約去吃牛排，是逸庭推薦的餐廳。端上桌的牛排大約有五公分那麼厚，份量也十分驚人，牛肉是生的，表面微微炙燒過，桌邊是一塊滾燙鐵板，我們需要自助燒烤。桌上還有薯條、麵包和生菜沙拉，我們不免俗又點了可樂。我已經戒斷可樂多年，但上路以來，可樂莫名成為心裡的救贖，隨時都想來一杯，好安撫一整日的疲勞，就像之前蓋房子時，經常需要來瓶冰涼的啤酒一樣。牛排非常好吃，來自烤

肉大國的敏勇也讚不絕口，我感覺這一個月來流失的蛋白質此刻已回補，明天肯定能活力十足的衝刺。

庇護所大部分室友都較為年長。沿途攀談的人群中，我的確更常親近長輩，也能感受到他們的和善，我可能體內住著老靈魂吧。此刻Alessandro睡在我上鋪，正在跟尺寸違和的床單與枕頭套奮戰，一邊嘟囔、賭氣抱怨中，對比我這個老靈魂，年長的他，內在顯然更像是個小屁孩。

小碎語

前一夜手洗的衣服沒有乾，身上的衣服也流汗濕透，我沒有乾淨衣服可穿了。幸好小鎮上有一家服飾店，我買了件棉質素色背心，充當洗澡後的休閒服，但我沒有內衣可穿，它們都在晾曬中。儘管一路看盡眾生百態，知道人們根本不在意別人穿什麼，但我走進房間前依然忐忑不安。結果真的沒人理會我，這大概也是人生中一個小突破。

山區偶爾瀰漫著霧，像是窺知了此刻心事。

倒數，又像是回到最初。

Day32

2022.10.8

O Pedrouzo > Amenal > San Paio > Lavacolla > Vilamaior > San Marcos > Monte do Gozo > Santiago de Compostela

距離：21.3 公里，行走 5 小時，共計 779 公里

高度：爬升 368 米、下降 407 米

抵達聖城

和敏勇約清晨六點半集合，已經許久沒有摸黑出門，我戴上久違的頭燈，回頭跟 Alessandro 揮別、相約晚點在聖城會合。

我們在漆黑中穿越一片森林，我很少在日出前踏入林區，先前只走過荒野或溪畔。森林感覺藏著許多未知生物，幸好敏勇就在身邊，不必過於害怕。走出森林，附近有一座機場，兩架飛機正在起降，機身上的光點由近而遠，成為夜空中的星芒。敏勇說她想家了，而我盯著厚厚的雲層和遠方的曙光，有點不知道該怎麼適應這個早晨。路面開始緩升，又是上坡路，我想起 Alessandro 的腳傷，不知道他有沒有聽從藥師指示，盡量慢慢走路呢？我們力勸他改搭計程車，想當然他不肯，算了，換成是我也不會屈服的。

日出後氣溫暖和許多，我們走了七公里，停在San Paio的酒吧吃早餐，此時我們都汗流浹背，又渴又餓，方才的疾走讓我們的腿痠軟不已。我點了烤吐司、鮮榨柳橙汁和咖啡，不知不覺已習慣這樣的早餐組合。

路上逐漸出現其他朝聖者，說來也奇怪，今早沿路特別寧靜，讓我完全忘記前幾日的吵雜煩悶，也許早點出門是對的。不過，此刻的聲音並沒有破壞我的好心情，我聽見人們不約而同唱著歌，大家的笑容都讓人精神一振。以往我們會對彼此說道：「Buen Camino!」，今天則多了一句「就快到了！」，是啊，距離聖城只剩下十二公里。上週見過的墨西哥人再度出現，依然是載歌載舞，極為歡樂。莊大哥也來了，看來我們都會同時抵達。

我和敏勇吃飽喝足，決定接下來不再休息，一路往終點奔赴。店員前來收拾桌面時突然對我說：「妳長得非常漂亮！」我驚訝地說謝謝，是不是因為聖城不遠了，所以人們也特別善良？我下意識摸了摸臉頰，困惑但心滿意足地離開酒吧。

∞

天色已經大亮，雲層也悄悄散開，我們的步伐很輕快，對每個遇見的人微笑。途中有人問我：「妳從哪裡出發？」我回答法國，對方笑著說：「那今天對妳而言是很重要的一刻，妳應該為自己感到驕傲，妳很堅強！（You should be proud of yourself, and you're very strong!）」，我用力點頭附和。

我和敏勇一邊走一邊喃喃自語，不敢相信今天，不敢相信這一切，不敢相信終點就在眼前。陽光灑在身上每一吋肌膚，我們一直疾走到坡路的頂端，往下看，不遠處有一座城市在陽光下閃閃發亮，「是……那個嗎？」我和敏勇依然感到難以置信，我打開Camino Ninja，手機螢幕出現令人激動的文字：「下個城市：Santiago de Compostela，距離四點二五五公里」，眼淚瞬間噴發，我別過頭不願讓敏勇看見，但我發現她眼睛也紅紅的。

往下走的每一步都百感交集，敏勇問我抵達終點想做什麼？我想一口氣喝三杯可

樂，然後買一件白色洋裝，好好為自己打扮。我想去逛街，吃冰淇淋，然後在城裡尋覓這一路認識的人，擁抱他們。我想大吃一頓，大睡一覺，賴床直到退房。我要在聖城待上一天一夜。

∞

走入城市時，感覺像是走進嘉年華會現場，走進一個讀了很久的神話故事中。有些場景和初抵SJPP那日重疊，有蜿蜒的石磚小路，人群穿梭在如城堡般的建築之間。聖城主教座堂前的廣場人滿為患，人們又叫又跳、感動落淚，有人唱歌跳舞，有人高舉著背包歡呼，有人欣喜擁抱，有人就地圍坐休息。我也用力抱住敏勇，大喊我們終於做到了。

拍了數百張紀念照，敏勇隨即拉著我離開現場，說有件重要的事情得先完成——原來要去朝聖者辦公室領取證書，她真是人間清醒。因為朝聖者眾多，據說近期辦公室總是大排長龍，至少要等三、四個小時才能拿到。但我們很幸運，許是趕在中午前抵

達，人還不算多，現場動線也相當清楚，不到十分鐘就順利取得。證書上的名字和里程數由志工手寫，字跡非常美麗，我買了一個厚紙圓筒，把它和「半程證明」放在一起。

Alessandro不久後也抵達了，我叮囑他先來辦公室排隊，我回廣場等他。

廣場上有許多人像我們一樣，戀戀不捨在原地逗留，一會兒拍照，一會兒望著主教座堂傻笑，然後睜大眼睛搜尋四周圍，試圖尋獲認識的朋友。Alessandro不斷與其他義大利人相認，不管先前認識不認識，我從來沒注意到路上有這麼多義大利人。敏勇決定和稍早在廣場一見如故的韓國男孩去吃午餐。我則打電話給張甜、我弟和小島家人，跟他們分享這個重要時刻。報完平安，我把背包當作枕頭，和Alessandro在廣場躺下來靜靜地曬太陽，人群的感動和歡樂，也都默默收進了腦海。

∞

時間還早，我打算回庇護所梳洗一番。途中遇見義大利軍團，我趕緊傳訊息請

Alessandro待在原地，好好地跟朋友們會合。我也陸續遇見了我的朋友，我們相擁、痛哭，輕拍彼此的肩膀互相安慰：「你做到了！我們做到了！」，許願清單裡的人一一現身，我感到十分滿足。

我經過進城前看見的那家書店，走進去為自己買了一本詩集。

回到庇護所，赫然發現下鋪正在整理背包的女孩是桑妮，我替敏勇報了平安，聊近日的細碎瑣事。有位台灣女孩走過來問道：「妳是娃娃嗎？」她一路總聽人說起，有位台灣女孩叫娃娃，經常煮飯餵食、照顧身邊的人，咦，是我嗎？而消息來源是韓國朋友，肯定是敏勇這孩子胡亂傳播。

買一件白色洋裝比想像中困難，熱情的西班牙城市只有花俏的顏色，我也想起自己沒那麼喜歡逛街，逛到焦頭爛額、準備放棄前，終於在一家點著香氛蠟燭的小店找到心儀款式，柔軟純白色布料，點綴低調的鏤空花紋，正是萬中選一的那件。

Alessandro跟義大利軍團相聚慶賀，我則約敏勇共進晚餐，她選了一家很棒的亞洲

餐廳，正中下懷。我們點了麻辣鴛鴦鍋，看著熱湯在眼前沸騰，我實在說不出來心裡有多感動，敏勇大喊她真的不想再吃麵包了，我雖不討厭麵包，但此刻麻辣鍋是人間至上的選擇。

今晚是月圓，氣溫是近兩週來最溫暖的一日，二十五度，好喜歡這樣的溫度。我們漫步在入夜後的廣場，聽著街頭演奏者的手風琴聲，思緒回到多年前初訪巴黎的夜晚，同樣有樂聲、笑聲和酒瓶碰撞聲響。巴黎和聖城，都是靈魂深處渴望抵達之方，兩座城市多年後在眼前重疊，暫且別無所求了。

答應明天跟Alessandro約會，把完整的一天留給他，我們會在聖城多住一晚。

我也決定休息過後要繼續走路，去看世界盡頭的海。

晚安。

1

2

1 仰望聖城。

2 廣場上的人們。

3

4

3 證書、背包、蓋滿印章的護照，和我。

4 親愛的荷蘭奶奶。

領完證書第一件事：逛心心念念的書報攤、走進書店買書。

2022.10.9

Santiago de Compostela

Day 33

休息

Buenos días! 早安！

慢半拍地練習著西班牙語，越來越喜歡西語的速度和音調，既直接又乾脆，像是這個國家給人的爽朗印象。

我換上新買的白色洋裝，仔細在鏡子前裝扮了自己。今天不穿登山鞋，我把鞋子掛在背包側邊，踩著夾腳拖，感受腳踝不被束縛的自在。白色長洋裝、夾腳拖、大背包，與眾多今早剛抵達的朝聖者們擦身而過，感覺好突兀啊，但也可能只是我的錯覺。

Alessandro 已經在廣場等待，我們訂了城市另一端的青旅，先去辦理入住。氣溫驟降，陽光被灰撲撲的烏雲遮擋，突然覺得昨日太幸運，能夠坐擁湛藍無比的晴空。

我們吃了朝思暮想的西班牙油條（churros）和熱巧克力當早

餐，接著回到廣場，想進去看一看主教座堂。聖城的人潮不只有朝聖者，還有許多觀光旅遊團，大家都想一睹主教座堂內的風采。據說，每日中午的望彌撒，會朗誦前一日有哪些國家的朝聖者抵達，而除了特殊節日外，若正好有人付費資助，主教座堂便會擺動吊掛在空中的香爐，讓燃燒的薰香煙霧均勻散佈在人們身上。由於隊伍排得太長，我們沒趕上中午十二點的望彌撒，只能等待散場後再入內，瞻仰聖雅各的棺槨，也算「朝聖」圓滿。

在教堂外，我看見一支風塵僕僕的韓國隊伍，仔細一看，其中一位竟是第一週遇見、那位廚藝令人嘆服的韓國歐膩，我追上前跟她相認，她喜極而泣，相擁著互道恭喜。同日出發的我們後來慢慢拉開距離，有人越走越遠，有人走走停停，少數人中途離去。我沒想過能再見到她，她也是，但很開心有機會跟彼此說再見，希望歐膩也能幫忙轉告韓國大叔，我已經抵達。

∞

回到住處，在浴室卸妝時遇見一位女孩，她告訴我：「今天第一眼看到妳時，我驚呆了，覺得妳非常美麗。後來我和朋友再度遇見妳，她也這麼認為。我想我一定要找機會親口告訴妳，妳非常美麗，而且笑起來如暖陽。」不知道抵達聖城的人是不是有特殊任務，必須要日行一善？這一路上，我總是觀望著人們的輪廓，羨慕那些來自歐美的深邃面孔，她們的臉龐和身體線條如此美麗，舉止既自信又大方。但我不知道，原來在別人眼裡，我也同樣美好。

女孩的一番話讓我再次相信：「妳就是美好的存在，而且妳真的很努力。」

小碎語

敏勇結束了她的朝聖之路，將在明日離開西班牙。

她用翻譯軟體傳來這段中文字：「我很幸運能夠和妳一起度過第一天和最後一天，我會永遠記得妳給我的溫暖的心。永遠健康，遠方歡呼。再見。這次旅行遇見妳是最珍貴的，謝謝。」

Day 34

2022.10.10

Santiago de Compostela > Quintáns > Ventosa > Trasmonte > Ponte Maceira > Negreira > A Pena

距離：30.2 公里，行走 9 小時，累計 809.2 公里

高度：爬升 958 米、下降 835 米

再度啟程

今晚的日記好難寫，中文書寫對我來說變得相當困難，當我使用越多英文，越難以順暢的梳理中文語法，這讓我十分擔憂。

出門時正在下雨，但我已有心理準備，逸庭曾提醒，過了聖城以後山區多雲霧也多雨，入冬後天氣可能都不會太好。聖城是聖雅各之路的終點，但不是我的終點，我要繼續走向Fisterra和Muxía，世界的盡頭。世界盡頭是一片汪洋，我想去看看西班牙的海，看看落入海裡的夕陽。

往Fisterra和Muxía的兩條路線加起來約一百二十公里，我打算分成四天，每日走三十公里。Alessandro也會一起，但考量到他的腳傷，我不讓他全程走路。我們協議第一日讓我單獨

出發，他搭公車前往二十一公里外的Negreira，我們會合後，再一起走九公里去A Pena。

路上只剩下零星朝聖者，全都是陌生面孔，繼續行走的人不多，一切回歸寧靜，是我喜歡的寧靜，即便有雨。我靜靜走著，一面想著這兩日的心境轉折。

我和Alessandro確立了關係，雖然我不知道，未來該怎麼克服遠距離？畢竟從羅馬到蘭嶼，有九千八百多公里，我從來沒談過這麼遙遠的戀愛，但孤獨患者如我，也許能夠適應得很好？

我把登山杖收起來，手裡的支柱成為肩上的重量之一，但並不覺得吃力。天空除了細雨，還有濃霧，沿路逐漸找不到休息處和補充水的地方，路過的村落也不一定有酒吧，只見零星的矮房子。我再度走入山林，看著聖城越來越遠，最終沒入樹影和濃霧之中。

大家應該都在回家的路上了吧？我在安靜無人的山徑，感受著內在「Reset.」，雨好

像洗淨了過去三十多日的思緒，感覺自己又成為一個新人。我對於「歸零」並不陌生，蘭嶼這些年，最重要的學習就是不要試著在島嶼複製台灣本島的經驗，有那些經驗是好事，但來到蘭嶼，首先就是歸零，歸零之後才能夠真正感受到土地與人。當我歸零次數越多，也逐漸理解，有機會碰撞或受挫其實是幸運的，在修復過程中，會慢慢找到未經修磨的本質，然後與土地更加親近，長出不一樣的根。

而這件事，其實不管走到哪裡都適用。

∞

不知不覺就一口氣走了二十一公里，也順利在Negreira和Alessandro會合。吃完午餐後，順便到小鎮裡的超市採購食材，因為今晚的住處看起來很偏僻，得預先準備好晚餐以免餓肚子。Alessandro很驚訝一路上沒有什麼人，他問我，早晨那二十一公里也是如此嗎？我點點頭，他眼神閃過一絲擔心。不過沒有什麼好擔心的，我跟他分享了路上的景致，以及蓊鬱的山林和迷幻的霧，他看起來很嫉妒。

抵達A Pena時已經不早，九公里雖然不長，但Alessandro沒辦法走太快，幸好在太陽下山前能夠入住。庇護所果然沒有晚餐可供應，附近亦沒有餐廳，我們用稍早買的食材做了醃火腿三明治，加上沿路撿拾的野生栗子，也算豐盛。好久沒有日行三十公里，身體雖疲倦但心靈很快樂，把累積兩日的髒衣物都交給洗衣機，今夜就早早去休息。

Reset.

2022.10.11

Day 35

A Pena > Vilaserío > Maroñas > Santa Mariña > Lago > A Ponte Olveira > Olveiroa > O Logoso > Hospital

距離：30 公里，行走 8 小時，累計 839.2 公里

高度：爬升 644 米、下降 673 米

負重

昨晚跟 Alessandro 分享一部很喜歡的電影，《真愛每一天》，沒想到我可以單純用英文字幕看懂它，肯定是三十多日以來累積的對話練習，讓英文進步神速。不過看完電影夜已深，加上單日行走三十公里的勞累，讓我隔天幾乎睜不開眼睛，一直賴床到九點才甘願出門。

早晨行走得很艱難，Alessandro 堅持陪我走，公車沒有行經這一帶，所以我也無法把他送上公車。為了不讓他腳傷加劇，我只能盡可能放慢速度陪伴他，同時，我感覺肩膀非常沉重，背包明明只多了一本書和一件洋裝，其餘食材都已清空，但我仍感到吃力。也許是過於緩慢的步伐放大了所有感受，也許是身邊多了一個人，添了幾分擔憂——我想，愛與關係最麻煩的

地方，就是你再也不能只想著自己，還要考慮身邊的人。而這個人腦筋十分固執，得想個柔軟的辦法來扭轉他。

我們極為遲緩的走了十一公里，終於遇見一間小酒吧，能夠補充一點咖啡因。我開始跟他商量，看能否想辦法叫計程車，或是走到有公車站牌的地方，請他先搭車前往今日的目的地。Alessandro當然不肯答應，理由是不放心我獨自一個人走接下來的二十公里，這可把我惹毛了，他居然擔心那二十公里？我不也是這樣一個人走完了七百公里嗎？

我們各自賭氣，沉默地往前走幾百公尺，忽然我想到法子：「我的肩膀和後背好痛，感覺背包實在太重了，你能拎著我們的背包，先去辦理入住嗎？沒有背包我會走得比較輕快，也很快就能到達。」

沒想到他真的妥協，我們找到一家雜貨店，詢問附近能否叫到計程車，在老闆娘的安排下順利預約好車輛。我把水壺、零錢包和手機放進隨身背袋，將大背包交給他，

也答應每隔一段時間主動報平安，好讓他安心。

少了背包的重量，我反而不太適應，感覺身體失去某種平衡，步伐並沒有比較輕快。我幾乎以為自己能跑起來，結果只是小碎步般的在坡路上移動，幾乎走了五、六公里，才努力調適過來。但我慶幸能讓Alessandro搭車，因為緊接而來的路段，是反覆不斷上坡和下坡，他本來就不喜歡下坡路，何況腳受傷。

如同昨日，路上只有零星的朝聖者，走在前方五十公尺的一對情侶沿路緊握雙手，偶爾會停下來親吻彼此，感覺非常甜蜜。後來我才發現，其中一位是認識的朋友，而且最初他也是獨自上路。我把這件事告訴Alessandro，他情不自禁笑了起來：「朝聖之路實在是……太奇妙了啊。」但很開心再度見到那位朋友，以及目睹他幸福快樂的模樣。前往世界盡頭的路有一點孤獨，能見到熟面孔，是天上掉下來的禮物。

1

2

1 日出。

2 在「愛」與「關係」中再度成為一個新人。

Day 36

2022.10.12

Hospital > Cee > Corcubión > Estorde > Sardiñeiro de Abaixo > Fisterra

距離：30.6 公里，行走 7 小時，累計 869.8 公里

高度：爬升 628 米、下降 852 米

世界的盡頭

好喜歡前往世界盡頭最後一段路，美麗的晨光、路旁蹦跳的松鼠、海藍色天空，和我自己的狀態。清晨的微風將頭頂最後一絲烏雲吹開，儘管我的感冒症狀始終相伴，但已經不會造成任何阻礙。庇護所路口有公車站牌，Alessandro 決定不再逞強，直接搭車到 Fisterra 等我，這樣也好，如果他堅持走路，我會原地打斷他的腿。

迎接我的是長達十四公里、沒有任何村落與補給站的山徑，我沒有把背包交給 Alessandro，而是讓它回到自己肩膀上。我和極少數朝聖者擦肩而過，人們神采奕奕，如同即將抵達聖城那日一樣。偶爾我會停下來環顧四周，感受這段路給予的平靜，自從抵達聖城、領到證書後，好像就沒有要再追求什麼

了，能夠純粹的走路、放空，花時間端詳天氣和景物變化，也試想關係的未來發展。

路上再一次見到那對甜蜜情侶，我笑著幫他們拍合照，他們指了指前方不遠處，那片陽光照耀下反射的亮光——天啊，是海洋！在伊比利半島行走八百多公里後，我終於見到了海，海比想像中更耀眼和湛藍。

我打電話給Alessandro，讓他同步遠望這片海，他也跟我分享從公車上見到的海岸，我們發出各種讚嘆，我覺得自己離家好近。而Alessandro也喜歡海。

昨晚他試探性提到，他要準備訂機票回羅馬了，但不知道該從哪裡返程，是馬德里或是里斯本呢？他知道朝聖之路結束後，我會前往葡萄牙旅行。其實在此之前，我內心也做了一番掙扎，十多年來，我一直都獨自旅行，結伴固然有趣，但一個人更為自在。我對後續的葡萄牙獨旅相當期待，但和Alessandro就此分開，內心難免遺憾，我們需要創造更多的時間相處。

看著眼前的海，我終於跨出那一步：「你願意跟我一起去波多和里斯本嗎？」，他在電話那頭笑得非常開心。

∞

張甜傳來訊息報平安，也分享她的島嶼生活觀察，我想她一定發現了什麼。她告訴我：「有一天我在房間裡，覺得……有時候妳該有多寂寞呢，這六年？」「想跟妳說聲辛苦了，一個人生活的時間辛苦了。」我不小心回了髒話，對著訊息嚎啕大哭，此寂寞非彼寂寞，辛苦亦非辛苦，一直以來積累在心裡的感受，終於有人明白。張甜走入玻璃罩，走入我幽微且錯綜複雜的思緒中，從一開始的不理解到慢慢滲透，那是透過時間與空間交疊、生命和生命互相信賴才能換得的體悟，而張甜感同身受，並全然地給予我支持。

我瘋狂地痛哭，哭著走完剩下的五公里山徑，哭著抵達山腳下的小鎮，哭著路過了一些居民，哭到無法在意任何人的目光。

小鎮轉角的第一家酒吧裡，坐著熟悉的人們，Gina、Georgia、Danny和Joan，他們都是Alessandro的朋友，義大利軍團。他們很驚訝地看著我滿臉淚水，紛紛關切發

生了什麼事？一切都好嗎？我搖搖頭，邊哭邊笑地說沒事。是因為開心而哭泣嗎？我點點頭。女孩們輪番上前給我非常溫暖的擁抱，兩位男子也熱切表達關心，說至少很開心能在這裡遇見我。我感受到他們的真誠，不因為我是「誰」的「誰」，而是基於在路上對彼此的認識，我是獨立的個體，有完整的「我」。Gina 問我最初也是從 SJPP 啟程對嗎？這一路實在辛苦了，終於來到旅程的最後，我們值得為自己開心。我哽咽地點點頭，婉謝喝杯咖啡的好意，這次不是為了逃離人群。我想繼續走，因為我知道離 Alessandro 不遠了。

離開酒吧後，我沒有停止哭泣，不是傷心，而是釋懷。我終於理解自己需要的並不是永遠保持孤獨，孤獨讓我清醒和堅強，但放下對於孤獨的執念，我也一樣能獨立、能捍衛並擁有完整的自己。我已經知道我是誰了，而且我永遠不會失去她。

眼淚擦乾，映入眼簾的是海和潔淨沙灘，我沿岸行走，知道世界的盡頭就在不遠處，而 Alessandro 在那裡等我。說一件很奇怪的事，其實真正踏上朝聖之路前，我就已經

預見，在世界盡頭的沙灘，我不會是一個人。我不知道陪伴我的人是誰，路上也沒有刻意尋找過，其實我早已忘記此事，然而Alessandro在那裡等我。

我決定在Fisterra結束這段走路的旅程，明天和Alessandro一起搭車去Muxía。我已經獲得想要的平靜和快樂，也獲得了許多禮物。我想把時間花在慢速的停頓裡，也許和Alessandro漫步在沙灘，也許一起躺下來曬太陽，也許泡一泡聽說很冰涼的海。我不想再趕路了，我不想再追求里程數的圓滿，我已經無需向任何人證明自己。

「我總是一個人，但我不想再一個人了。」

∞

把行李放下後，我和Alessandro徒步走上菲尼斯特雷角（Cabo Finisterre），山頂高處海風強勁，意識到眼前的海是大西洋，我激動不已。曾於夢裡現身的亞特蘭提斯，是不是就在大西洋的一方？那個夢發生在兩年前，其實夢裡不知方位，印象中是

某段旅行的終點。我搭乘德安航空小飛機飛過一片陌生地域，機長突然請乘客們看看腳下，夢裡的我從窗戶俯瞰，知道那片沃土正是亞特蘭提斯，感到極度震撼，醒來後立刻將夢境寫下。神話島國雖只能在夢中相見，但望著大西洋遙想，也十分滿足了。

義大利軍團大部分的人都來到Fisterra，他們訂了一家小酒館相聚，Alessandro問我願不願意一起？我答應了，我想和他，以及我們的朋友一起。

聚會裡，我告訴Gina和Georgia，我很感激能透過他們明白並學到某些事情，儘管他們不明就裡，但Gina溫柔地回應我：「妳很完美，不要擔心。」我用力擁抱每一個人，謝謝他們出現在路途中，且從未因為我的孤僻和閃躲而對我疏離。其中一位義大利人Paolo拿出筆記本，他沿途收集人們心中「最幸福的事」，我用中文寫下旅程最終的感受，Alessandro聽完翻譯後笑著點頭，請我在同一頁寫上義大利文，然後告訴對方：中文是娃娃的感受，義大利文則是他想表達的。我看著他，脫口說出心裡很喜歡的一句話：「愛人是一面鏡子」，他反駁道，我們是不同的兩個人。我說，鏡子並非意

味著兩人是否相同，而是我們能透過對方，更清楚照見自己的模樣。

愛人是一面鏡子。

回到庇護所，夜已深沉，屋主在樓梯間和角落點了讓人放鬆的薰香蠟燭，此刻我們身心一同浸潤在如瑜伽尾聲的大休息當中。

1

2

1 最後的岔路，左邊往 Fisterra，右邊往 Muxía，都是世界的盡頭。

2 前往菲尼斯特雷角。

3 感激與山徑和平共處的時光。

Day 37

2022.10.13

Fisterra > Muxía

距離：28.8 公里（搭車前往）

終點

把這段路也算進朝聖之路旅程的話，一共是九百公里，但我不再行走了，和多數人一樣，選擇搭早晨的公車去Muxía，另一個世界的盡頭。天空灰灰的，我的心彷彿也是，昨日去Fisterra的朝聖者辦公室申請最後一段路的證書撲空，今早也撲空，另外一個辦事處下午才會開門，若執意等待會錯過往Muxía的車，只能放棄證書。我難掩失望，其他人也是，大家都靜默地離開現場。

走向公車站，迎面而來的是Ger，他是少數同樣走到世界盡頭的朋友，但這次他走反方向。我很快意會過來，他要繼續徒步走向Muxía，也意識到這應該是我們最後一次見面。我流淚道別，除了離別的感傷之外，也為整段旅程終將結束而鼻酸，

我依然沒有留下多數人的聯絡管道，有些人有些事，永遠留在路上也許就是最好的回憶方式。

坐在公車裡看著平行延伸的森林，再度走入森林深處的人們，此刻又有什麼感受呢？我的朝聖之路昨日就已結束，還是今天才算真正結束？身體好像也知道徒步行走的任務告一段落，痠痛和疲憊一湧而上。

搭車不到一小時就抵達了Muxía，二十八公里是平常讓人走到臉紅氣喘的距離，此時連走進庇護所都不痛不癢，像是從原處退房後，把行李搬到隔壁、重新辦理入住那麼簡單。

Muxía如預料般天空灰濛濛，不時飄著小雨，我和Alessandro正在鬧彆扭，為一些微不足道的小事。我還在適應從一個人變成兩個人，這很困難，有時我會過於在意對方的感受，而忘了專注聆聽自己想要什麼，Alessandro則是會不小心把耳朵關上，讓人忍不住想給他一拳。

不過情侶之間鬧彆扭稀鬆平常，很快便能和好。我們散步去看海邊的教堂和燈塔，

那些神話傳說好像都變得遙遠了，彷彿與我們、與九百公里的點點滴滴無關。遠方岩石有好多海鳥駐足，我著迷於牠們飛翔盤旋的姿態。比起Fisterra，我更喜歡Muxía的寒冷和孤寂，陸地的盡頭是海，海的另一端會不會也是其他傳說的盡頭？Alessandro遙指遠處，說那是美國的方向，我順著手指看過去，當然什麼也看不見。我們吹著海風，在岩石間跳躍，直到再也走不動為止。

海岸邊同時矗立著巨型雕塑和「歸零」里程碑，雕塑是用來紀念一起歷史沉船事件，而里程碑則提醒我們，朝聖之路到此結束，回歸原點。我想起散步過來時沿途看見的黃色箭頭和貝殼圖案，忽然笑了起來，此時此刻我已不再需要它們了，終點已經抵達，明天我就會離開，搭車回到聖城，從聖城轉乘巴士前往葡萄牙，開始真正的「度假」。

Camino Ninja上的紅色小光點停留在長路盡頭，三十七天，我很喜歡三十七這個數字，剛好是我的年歲。

此刻身邊多了一個人，雖然不知道未來究竟會如何，但就讓我們這樣子開始吧。

終點是海。

另一個視角

—— 29 September 2022

昨夜我和Joan、Gina一起走到Foncebadón，在海拔一千五百米處。風很大，但我們找不到任何空房可以入住，這是上路以來第一次發生。幸好附近教堂慷慨提供空間，讓我和其他八個人打地鋪。傍晚，我遇到一個女孩，本以為她是日本人，所以用日語搭訕，但她沒有聽懂，我改用英語詢問：「妳是日本人嗎？」，她搖搖頭說不是，她是台灣人。對話很快便結束，她不太友善。

洗完澡我和朋友們去吃披薩，有人說，這家餐廳是朝聖之路唯一值得品嚐的披薩，我同意，因為廚師是移居西班牙的義大利人，美味無庸置疑。

第二天早上，我在雨中出發，經過了鐵十字架——朝聖之路最重要的地標，因為在這裡，朝聖者們可以把罪惡和重擔放下。這天剛好也是聖米迦勒節，人們紀念大天使米迦勒（Arcangelo Michele，是我祖母家鄉的守護神）的日子，在這天經過鐵十字架，對我而言充滿意義。

我繼續行走，路上數次遇見那位不友善的女孩，她獨自一人，我也是。但不久後，我就和 Laurent 與 Gina 會合了。我們在 Molinaseca 停下來吃飯，酒吧外面幾乎客滿，只剩下「不友善女孩」的桌子還有空位，我過去問她是否能併桌？她說可以，但過了一會兒，她忽然說自己更喜歡待在室內，便起身離開。她真是個奇怪的女孩。

—— 1 October 2022

昨天我又遇見了她，不友善的女孩。因為步伐速度差不多，於是我開始跟她聊天，她的名字是「Wawa」，我們聊了也許有半小時。後來朋友們決定在一家酒吧休息，但 Wawa 沒有留下來，而是兀自單獨行走。

晚上我們抵達 Villafranca del Bierzo，洗完澡後發現朋友都在睡午覺，我決定給他們一個驚喜：下廚，做義大利麵。我去超市採購食材和啤酒，結帳時，收銀員告訴我總共二十二點二二歐元，我為這個數字停頓了一下，感覺很特別，我總是留意這些有

趣的數字。我們度過一個美妙的夜晚，享用義大利麵、喝啤酒，在壁爐旁下棋直到入睡。

隔天出門，我發現Wawa也從Villafranca del Bierzo出發，我邀請她和我們合影，然後像往常一樣，她拍完照就一溜煙消失了。但不久後，我又見到了她，她正和一個韓國女孩同行，我拉著她們拍了一張三人合照，然後距離再次拉開。

今晚我們住在朝聖之路最美麗的村莊之一——O Cebreiro，Wawa竟然也在同一個庇護所，她的床鋪距離我只有五公尺遠。我與另一個台灣女孩子莫、其他新朋友要共進晚餐，我和子莫詢問Wawa是否想加入，但你猜怎麼著？她說不，她不喜歡和太多人一起吃飯，她喜歡一個人，或最多只和我（或我們）一起。英語很難理解，她說的「you」是指我，還是我和子莫？好希望她是想單獨和我吃晚餐。

我跟她互換了社群帳號，晚點要把照片傳給她。

—— 2 October 2022

我醒來時，Wawa已經出門了，我一整天都沒有見到她。

下午來到一個叫Triacastela的小鎮，我們一群朋友大約二十人在餐廳吃飯，餐廳的海鮮燉飯非常美味。我把昨日的照片傳給Wawa，順便問她在哪裡？她也在Triacastela，而且她竟然發燒了。我決定帶藥物和晚飯給她，讓她嚐嚐美味的海鮮燉飯，結果一見到面，沒說幾句話她便哭了起來，我擁抱、安慰她，告訴她隔天若需要的話，我可以陪她。

——— 3 October 2022

她答應一起走路。

我們聊了許多事情，雖然兩人的英語都很差，但還是能設法溝通。我注意到她也有和我一樣的背包，而她的生日竟然是三月二十二日，她說數字二跟她很親密，她的農曆生日也有許多二。我想起前幾日那張二十二點二二元的收據，真是巧合。她走路速度很快，不像是病人。我們路過一個農場，在那裡放鬆地休息吃飯，還遇到了

Roberto和Elena。

這是又累又愉快的一天，我們抵達了Sarria，住在同一個地方。我們一起洗了衣服，把濕衣服放在陽台晾曬。我喜歡Wawa，即便她個性很奇怪、行事相當矜持，她說話的聲音很低，但我們在一起時總是在笑。我們散步去看教堂和城堡，但它們都關門了，路上遇見Laurent，只閒聊幾句便分開。Wawa教我用中文說「太陽下山」和「太陽升起」，伴隨著夕陽緩緩沒入遠方。接著我們決定去吃晚飯，本來Roberto和Elena邀請我們一起，但Wawa告訴我，她覺得有壓力，她希望只和我一起。這是她第二次這麼說。

我們另尋餐廳，鄰桌恰巧是前一晚巧遇的西班牙女孩，Alba和Veronica，她們推薦了其中一道漢堡，結果真的很美味。由於就坐在隔壁，我偶爾會和她們交談，我覺得Wawa看起來很嫉妒，她嫉妒的時候實在很可愛。回到庇護所，Wawa說有人幫她煮了一鍋白粥，是一個也來自台灣的男人，這下換我感到嫉妒。白粥看起來不好吃，而且她已經吃飽了，我提議不如把它扔掉，但Wawa說她必須嚐幾口，因為這是別人的

心意。我感到有些內疚，這個女孩實在太甜了！

寢室內有兩位新室友，也是西班牙人，Ana和May，我立刻就混熟了，畢竟我會講西班牙語。Wawa好像在吃醋，但可能只是我的猜想。其實她不知道，我對她情有獨鍾，她真的很漂亮。

—— 4 October 2022

我們一如既往地早起出門，打算前往Portomarín，吃過早餐後，Wawa說她應該可以獨自行走了，所以我們分開。她今日腳步慢了許多，有好長一段路沒有遇見她，但我遇見Ana和May，這是她們踏上朝聖之路的第二天。官方認證從Sarria出發走一百公里就能拿到證書，其實從前一天晚上，我就注意到人流變得非常多，朝聖之路變成蓬勃的商業活動，路上的酒吧和餐廳都排隊客滿，好不容易才找到一家有空位的酒吧。

過了不久，Wawa也來到這裡，我揮揮手要她坐進來。她停下來休息片刻，當我準備離開時，她也和我一起。我注意到她眼裡有嫉妒的火焰，因為這次，她不再說要獨

自行走。下午順利到達Portomarín，走進庇護所時，我們遇到那個韓國女孩敏勇，她和Wawa開心的抱住彼此。稍微休息過後，我和Wawa出門去吃冰淇淋、散步，在路上遇到許多認識的人。喜歡這些時刻，在你停下來的每個城鎮，總會巧遇朋友們。

晚餐時我在餐廳看見一個牌子，上面寫著：「你所給予的一切都會回到你身上」，我相信沒有什麼比它更真實了，於是我積極投入眼前的時光。這是我第一次真正單獨和Wawa吃飯，我們交流、學習彼此的語言，又度過一個非常愉快的夜晚。

—— 5 October 2022

離聖城越來越近了，這是我和Wawa一起走路的第三天。

我們停在某處的長凳休息，旁邊有一個石碑，標明距離聖城僅有七十八點一公里。我回頭看，看到那座充滿美好回憶的山，和沿路美麗的人群，人們出於不同的原因踏上這段旅程，但心中都充滿光明。在那張長凳上，Wawa告訴我，她希望這是我們同

行的最後一天，明天她想獨自一個人。我很錯愕，下意識的反應是吻她，她沒有退縮。我們在長凳上待了很久，直到認識的朋友們陸續走近又走遠。

準備繼續往前走時，我握住她的手，走了好一段路。

今天有點漫長，快接近庇護所時，我感覺腳踝到小腿處劇烈疼痛，痛到幾乎無法行走。也許是接近七百公里的長路，讓我身體出現疲倦的跡象，或者是我潛意識故意受傷？因為心裡不願意讓Wawa明天離我而去。

我們抵達Palas de Rei，Wawa去藥局買了冰塊和藥膏，她細心幫我冰敷，然後還準備了晚餐。敏勇也跟她一起，這是我第一次接觸更道地的台灣料理，Wawa做了炒麵和番茄炒蛋。而我第一眼看到敏勇做的餐點時，感到很驚訝，不太確定是否該吃，因為在義大利，把烤過的麵包、果醬和培根結合在一起令人難以想像。但我嚐了一口後就狼吞虎嚥，差點全部吃光，不知道是因為餓，或真的很好吃。

睡前我試著和Wawa討論繼續同行的可能，同時試著再次吻她，但不巧Alba忽然打

開門走進來，真是尷尬，我們的討論也無疾而終。今晚寢室的八位室友都認識，難得不必再跟陌生人同寢。寂靜的夜裡，我聽見Wawa在睡夢中發出奇怪的聲音，她夢見我嗎？好想知道。

—— 6 October 2022

我很早就醒了，因為知道自己會走很慢，趁大家還在熟睡，早點出門才不會耽擱。腿和腳踝很疼，我出發前先吃了消炎藥，等藥效發揮作用，便加快腳步行走，但藥效很快就過去，我只能再次放慢速度。很多認識的人從身邊經過，此刻走路似乎是一種折磨，我咬緊牙關努力前進。

我到達了Arzúa，一個大城市，在庇護所遇見May、Anna和Sergio，Sergio是個西班牙男孩，也是新朋友。May無法走路，因為她的腳長了一個水泡，這是我熟悉的老問題，我拿出針線幫她戳破水泡，她很高興又能走路了。我們決定和其他西班牙人一

起去喝啤酒，鄰桌還有Alba和Veronica。

傍晚我傳訊息給Wawa，確認她的行蹤，並詢問她是否願意一起吃晚餐？她回絕，她想要做飯給自己吃，但她願意陪我吃個冰淇淋。我去冰淇淋店找她，一邊吃冰，一邊努力說服她讓我吃個便飯，她最後還是答應了。我們在她的庇護所遇見一對日本夫婦，我很開心能展示我的日語能力，這是我第二次在路上嘗試用日語交談。這對夫妻分享了他們的朝聖之路日記本，目前只寫了四天，他們還告訴我，日本四國也有朝聖之路。嚮往日本的我，決定把它當作下一個目標。

—— 7 October 2022

我的腳越來越腫脹疼痛，路途變得更加漫長，我需要反覆停下來休息。道路越來越擁擠，甚至有巴士滿載人群到達某個定點下車步行，他們身上沒有行李。

快要抵達終點了，大家看起來都很輕鬆愉悅，而我卻感覺格格不入，這好像已經不

再是我的朝聖之路。一個多月以來，我經常一個人行走，或者偶爾和沿途認識的朋友同行。這條路很奇怪，你可能只認識某些人幾天，但感覺就像認識了一輩子。我的生命中曾遇過一些人，但輾轉失去了他們，不是因為不想打交道，而是在我最需要的時期，他們缺席了。當然也會有新的朋友來到生命裡，教會你其他東西，而你同樣回報。朝聖之路就像是百分之一的生命旅程，短短一個月時間，濃縮了我們的人生。

Wawa心軟地告訴我她的住處，顯然是擔憂我的腳傷。她比我還早抵達，入住時，我特意向庇護所主人確認：「有位台灣女孩已經到了嗎？」對方笑咪咪把我安排在她的上鋪。Georgia和Gina也來到同一家庇護所，但她們只待幾分鐘，開玩笑說這裡太羅曼蒂克了，不適合她們。

等我梳洗完畢，Wawa帶我去街上的藥局讓醫師檢查傷勢，醫師說我不能再走路，繼續走下去後果堪憂。但我現在不可能停下來，也不打算停下來。我請他給我任何能夠舒緩的東西，好讓我繼續行走。他給了消炎藥、藥膏、紗布和繃帶，我非常感激。

結束後我們去買冰淇淋，吃冰淇淋已經成為一種習慣，過去一個月我經常用啤酒為一天收尾，現在變成冰淇淋。習慣會變，人也會跟著改變嗎？

Wawa和敏勇去吃牛排，我待在庇護所隨意吃點東西，同時放鬆我的腿。她回來後，我們坐在沙發上聊天、親吻，但今晚有點不對勁，她吃了什麼？我知道亞洲料理總是加入大量洋蔥，但今晚吃的不是牛排嗎？這氣味令人難以承受，如果她總是這樣吃，我往後是不是必須戴面具親吻她？願主保佑我。

明天準備迎接聖城重頭戲。

—— 8 October 2022

Wawa告訴我，她想和敏勇一起走最後這段路。我讓她先走，因為我必須服藥、包紮腳，且沒辦法像她那樣疾走。

儘管吃了藥，我的腳依然沒有起色，多走幾公里就開始腫脹，繃帶讓它看起來像是被繩子捆住的烤肉，我走得越多，它就越難受。不久後，我路過Wawa和敏勇，她們

坐在酒吧裡吃早餐。我稍作休息，把繃帶和紗布拆掉，放棄使用。我們同時啟程，但她們倆走路速度很快，不一會兒又看不見了。

距離聖城僅剩五公里時，我意識到終點不遠了，我走下斜坡，腳幾乎無法繼續移動，得頻繁地停下來休息。快要進入主教座堂時，有人在背後叫住我，是Ana和Sergio，我們開心地踏上主教座堂廣場。廣場上擠滿了人，我遇到許多在旅途中認識的人，大家哭泣擁抱著，走了那麼遠的長路，空氣中凝聚著難以言喻的情感。我去領了證書，長長的隊伍裡都是熟悉的人，我也看到了Wawa，我們一起回到廣場，躺在地上放鬆身軀，親吻彼此。

旅程結束了，我也意識到自己悄悄地有了改變，我將帶回新的一切。

—— After "Camino de Santiago"

某日，我思考著要做一張有時鐘的木桌。

研究時鐘指針時，忽然想起我們的相遇，以及二二點二二那組數字。

我把指針擺在二十二點二十二分的位置，也就是晚上十點二十二分，它們在時鐘上呈現出一道直線。我驚訝地發現，那道直線的傾斜角度幾乎與聖米迦勒線（Linea di San Michele）雷同。

聖米迦勒線從愛爾蘭到法國，經義大利和希臘，直至以色列，一共連接著七座供奉大天使米迦勒的修道院，地點包含著名的聖米歇爾山，全長兩千多公里。

傳說中，聖米迦勒是秩序的象徵，統管天國的軍隊，是警察、軍人、警衛、消防人員的守護者，同時，祂也是在人類的靈魂中與魔鬼抗衡的人。人們的救贖之路，必須穿過細如髮絲的聖詹姆斯橋（聖詹姆斯也就是西庇太的兒子，人們稱他聖雅各）才能到達。若想讓靈魂卸下自己的罪孽，可以尋求大天使長聖米迦勒的幫助。

聖米迦勒是我祖母家鄉的守護神，祂將我的靈魂送到聖雅各之路，我療癒了自己，然後遇見彼此心意共通的人，這真是令人難以置信的感動與巧合。

——Alessandro M.　2024.1.21，寫於羅馬

後記

回台灣後在台北短暫停留數日，如同出發之前。記憶中台北總是要走很多路，從甲地到乙地，但現在想來距離都還好，比較漫長的反而是捷運行駛的區間，或一天與一天的交換。有幾日躲在圖書館安靜讀書，讀了幾本和島嶼有關的論文，其中，猶喜歡夏曼．藍波安老師在《原初豐腴的島嶼——達悟民族的海洋知識與文化》所寫這一段：「Wawa，指廣袤的海洋，海面的，也是海底的，是動態浮動的，也是洶湧駭浪的，作動態解釋是指有生命的海，有情緒有情感的海……，wawa指的是『靈魂有生命』的海。」

Wawa是我的乳名，娃娃。媽媽說有乳名的孩子比較好養，容易長大。來到蘭嶼之後我才知道，wawa是達悟人的海洋。從夏曼．藍波安老師的註解和論述裡，又多理解了島嶼一些，但和真正生長於島嶼的人相比，可能還是太少，該走到什麼程度才算用功呢？我在漫長的旅行中也曾反覆思考，最終給了自己暫且安心的方向——拉開距離，專注地凝望。

∞

回來好像不算太久，但那段路彷彿是上輩子的事，遠到，一些輪廓似乎只在夢裡

輕輕描繪，肩膀不曾負重，膝蓋沒有飽受過折磨。在那之後，去了一個曾經也在夢裡的國度，只是，我們都太累了，順著老舊地磚拾級而上時有心無力，意興闌珊品嚐屬於西歐的香氣。大西洋的海風襲來冰涼哆嗦，裸足試探了海，只有沙地柔軟地教人寬慰。

我知道一些事情再也不同了，子莫說，也許是成長痛吧。痛發生在之前還是之後呢？我也分辨不出來，只知道長路變成了一部電影，不時重複播放，妳會在吃著某樣東西時，腦裡突然浮現某一日對某個人說過的某一句話，或是一段讓妳不得不停下腳步、努力用身體去記憶的溫度和風景。

其他瑣碎如曬不乾的羊毛襪、壓到不能再扁的頭髮、午後平行晾在牆壁上的雙腿，抽屜裡躺著堅持寫字的夜，沒有刪除的WhatsApp讓一點點線索緊扣著，在很遠的地方關心彼此、在最近的距離遙想記住與沒記住的片段。

面對分離焦慮，我以為自己可以淡然處之，結果並沒有。在我住的這座小島，聚少離多是常態，相聚雖然短暫，然而分開後時間也變得飛快，像是知返的飛魚和候鳥，在海邊的蘆葦褪去白衣、換上綠衫不久後，牠們就會再次出現。

想起路上的每一個「再見」，倉促的合影，一張寫了地址電話的紙條，留在臉頰上的親吻，意味深長的擁抱。一條路讓我們輕輕地走進彼此生命裡，留下一點點影子或光，然後我們回到自己的生活，讓這些光影成為記憶，或是新的力量。

我回家了；但也始終還沒回家。

∞

旅途中我維持天天寫日記的習慣，走在路上總有大量的文字飛舞在腦海，「我要把它們都寫下來，成為我的第一本書」，甚至構思、想像書封面的模樣。這可能是我此生和宇宙最貼近的一次，因為回來大約三個月後，裏路主編淨瑋便寫信來，詢問我是否有出書的想法或規劃？她不知道，隔著電腦螢幕的我，眼淚像瀑布一樣洩流成海。

慎重且重複讀完每一個句子，雀躍但謹慎、小心翼翼地遞出正面回應。男友說他為我感到驕傲，我也是，那個外在過度早熟而內在始終很晚熟的我，再一次，有長大成人的感覺。

∞

自遠方歸來之後，又經歷過多次的出島與歸島，騎車慢行在陽光下，感覺曾有的糾

結逐漸被解開，「屬於何處」不再是個至關緊要的議題。我還是不喜歡過多的交際，也明白了自己是個永遠無法停止移動的人，那麼，曾經與當下都用心珍惜過，各自安好，便是最好。

蘭嶼的房子偶爾會鬧脾氣、考驗主人心性，但終歸在這座人心或風雨飄搖的島嶼給了我最安全的庇蔭。生活最大的變化是，我終於能夠在白天寫稿，安靜的早晨，榨檸檬水或沖一杯熱茶，坐下來寫作，不再只向幽靜的黑夜索求平靜與靈感。這項改變有某種意義，就是我所鍾愛的事物終於不再只能藏於黑暗裡，它可以光明正大佔據我的白天、我的生活重心，喜歡的事情如此，愛的人也是如此。

靈感枯竭時，我就去上詩人吳俞萱的課。有一堂課，她請我們拍攝一個觀察到的「空缺」，然後以此展開自由書寫練習。我凝視著所拍的「空缺」，準備書寫時竟然發現，我看見的其實不是「少了什麼」，因為洞裡出現的，是另一端的綠意。這個洞象徵一棵樹的死亡，在書店周遭有許多彼此依附的樹，競爭之下有的茁壯，有的消亡，當然也有樹共生依附、持續存活著，或許依附與競爭不是消亡主因，還有氣候、水分及樹林裡其他生物的干預。它們頹然倒下，

隨著日漸腐壞騰讓出一個空洞，洞的彼方是活著的樹，活著的生命。

不一定要往空缺裡面填補什麼，有時候空著就是空著，自然會有什麼流過，或教我們看穿。一切逝去之後一切就是重來，舊的空洞讓它隨自然老去，總有新的東西會以其他型態繼續活下去。

∞

我試著梳理這些年的轉變：先是來到一個看似全然不受拘束的地方，長出了自己。因為心懷感激，於是跳進土裡，感受季風與海流，迎接飛魚洄游，謹記可為與不可為，認同齊頭式生長的定律。不知不覺間，被相同的土質馴化，為了開花，為了不枯萎凋零，我努力改變體質順應氣候和土壤，試著長出相同的果實。結果，又把自己丟失了。

幸運的是，隨著季節回返的勁風，我飛離土壤一段時日，呼吸了曾經嚮往或背離的空氣，把根部抽起，發現土是土，自己依然是自己。

「Tao」這個字在義大利語中意指「道教」，太極。我重讀著八卦的意象，發現東方人真的很講究平衡和圓融。不過，若平衡與自由相抵觸時，我們該如何做選擇？

也許無法再用相同的模式生長，但我很喜歡自己開創的領地，某些理想無法企及，卻有它兀自獨特的靈魂。人與書店、家屋相守，我們照顧著彼此，讓每一方寸，都有「念」在其中。

∞

關係依然是現在進行式，夏天男友來蘭嶼感受我的生活，冬季換我飛過去羅馬短聚。如果沒有輪流走訪彼此的家鄉，總有一點點存疑、一點點的不確定。感謝彼此願意花時間心力，消磨時差、語言隔閡和東西方文化差異，弭平幾次核彈級的爭吵（英語表達能力突發猛進），理解不同歷史脈絡下的性格養成，換取了此刻的穩定與親密。

以前我對靈魂伴侶的想法很侷限，覺得靈魂伴侶是一生一次，錯過了就不會再出現。但後來陸續看了幾部電影，發現靈魂伴侶其實存在於此時此刻，當下選擇什麼樣的生活，生活裡讓什麼人走進來，把自己的心共同安放，就是現下的靈魂伴侶了。

∞

有日應邀聊了一集Podcast，對方問我：「希望未來的自己，能對現在的自己說什麼？」

我說：「不要害怕未知，繼續往前走。」

∞

光會灑在所有承受生命的肉身之上，只是接受光的我們，有時會因為濃霧瀰漫或覺得朗朗天晴而覺得那光時暗時亮。科學不斷在進步，也許有一天可以探究如何反射出心中所思的光，但目前為止，對於那已超出自己判斷的存在，我不抗拒、不沉湎耽溺，只希望能更自然地存在於我心。因為，我自己也不是多麼強大或懦弱或偉大或無用的人。

——樹木希林《離開時，以我喜歡的樣子》

不抗拒、不沉湎耽溺，只希望能更自然地存在於我心。

也許我想要的歸屬，就是終其一生誠實地面對自己。

∞

書稿斷斷續續寫了一年多，每一次以為的「收尾」，其實都只是鋪陳。

每當我覺得還少了什麼的時候，淨瑋總能夠遞來氧氣瓶，供我呼吸換氣。

這一次，我和她，從起點走到終點，把一條長河梳理成幾條支流，我們沿著支流低頭探索，努力在溫度適中的流水裡找到

可以對話之石。我們對話，我們探險，終於遇見最為契合的主線，七成和三成的佔比。但回頭遙望水源來處，她說，還少了一樣東西。我也是，我覺得水無法流往下游，我更擔心水不適合流經的人們，但她沒有說這個。她提到了水的組成，河裡沉積的養分。然後我們仰望天空，那裡也有一條河。我一路往上看到天空的邊界，與草原連結的部分，那裡有路，路不遠了。

我們攀爬，再度爬上源頭高處，「需要去看一看，河水究竟是怎麼流下來的？」往源頭的山坡有風吹拂，最濕黏最鹹膩那種，熟悉的溫度和氣流凝滯在途中。她說，我們得要把風帶下去，讓它順著河流走，如果風停在這裡，河流就只是一條普通的河流：「那些很動人的書，其實都是無法把自己藏起來的。」

源頭的風經過了我，我經過了那時候的風，跨過霧濛濛的玻璃罩，目標是回到源頭。

「接受而後轉化，做最後的巡視和深潛。」

這一次，我終於走完了我的朝聖之路。

晚費用約五歐至八歐，私人庇護所則是十歐到十五歐之間。另外，在大城市也可以選擇住飯店或青年旅館，費用當然也較高。庇護所大多數的床位都是上下鋪，少則四人、六人一室，多則四、五十人一室，完全沒有隔間，非常敞開。庇護所通常只提供防塵套，讓你用來鋪床和覆蓋枕頭，不提供被子或毯子（有你也不一定敢用），所以朝聖者多數都會自備睡袋。

怎麼吃飯？

進入城鎮或村落時，可以在酒吧吃到簡單的輕食，比較熱鬧的地方則會有餐廳。入住的庇護所若有廚房，可以到附近超市採買，自行料理。部分私人庇護所有提供朝聖者晚餐（Cena del Peregrino），費用大約是十二歐到十五歐，餐點通常會有前菜、主餐和甜點共三道，需要跟其他朝聖者共桌吃飯。我偶爾也會外出，尋找同樣提供朝聖者套餐或每日特餐（Menú del día）的餐廳，慰勞自己一番。

怎麼估算花費？

我的總花費爲一千五百五十歐左右（當時歐元匯率爲1:31），不含來回機票與轉乘的交通。僅從SJPP起算，截至世界的盡頭，共三十七天的餐食和住宿費用，也包含沿路添購裝備，以及其他額外支出，像是參觀教堂和博物館的門票，以及明信片與郵資等，平均每日花費爲四十二歐元。

也許實用的小 tips

怎麼知道每天該走多少？

在法國之路起點處SJPP的朝聖者辦公室，會拿到一張地形表和路線圖，有官方建議的每日里程數可參考。另外我下載了「Buen Camino」和「Camino Ninja」應用程式，可以查看每個城鎮或村落之間距離多遠，自己評估當天的體力和腳程，決定落腳在何處。

Camino Ninja是我最喜歡的，除了有離線地圖可定位，也很詳細備載了每一處的住宿資訊。其發明者Andy Max Jensen本職是一名程式設計師，他花了十年時間，沿著不同路線，走完將近兩萬公里的朝聖之路，開發出此程式。有人稱他是倡議者、朝聖者和流浪者，他也將生命完全投入其中，重複走在朝聖之路上，並擁有來自世界各地的好朋友。可惜二〇二二年夏天，他不幸於行走中去世，享年四十九歲。

Camino Ninja一度因無法更新而停擺，幸好後來由來自德國的Jakobsweg-Zentrale組織接手，將其重新運作，好讓它能夠繼續陪伴路上每一個需要的人。

怎麼找到住處？

沿途都有庇護所（Albergue），持有朝聖者護照就可以入住，分爲公立或私人庇護所。公立多半是由教會或修道院建置，每

- 保濕乳液或精油、個人常備藥品
- 至少一公升的輕量水壺
- 歐規轉換插頭、行動電源
- 小而輕便的零錢包
- 信用卡和現金，有現金的話記得分散保管，鈔票面額盡量以二十或五十歐爲主
- 筆記本和原子筆
- 底片相機、底片與電池
- 透明夾鏈袋、柔軟的環保購物袋
- 網卡，到歐洲再買就好，便宜且高流量
- 保暖用的羊毛外套、毛帽和手套（沿途陸續購買）

怎麼打包行李？

我以40L的登山背包爲主，搭配一個輕便的隨身腰包，物品清單如下：

- 短袖上衣、緊身瑜伽褲、貼身衣物各兩件，輪流換穿，盡量選易吸濕排汗的材質，也可以多準備一件舒服的衣服當睡衣
- 輕薄的防風外套、含羽絨內層的防風防潑水機能外套（爲行經山區而準備）
- 遮陽帽、護膝、萬用頭巾、連身雨衣、輕量雨傘
- 睡袋，建議買大一點，可以盡情翻滾
- 拖鞋、登山鞋與羊毛襪，一路走來腳都沒有磨破皮和起水泡，完全是羊毛襪的功勞
- 一對用起來順手的登山杖
- 頭燈和口哨
- 容易乾的毛巾、個人盥洗用品，我帶沐浴皂和洗髮餅，簡單又方便

我準備幾個尺寸不同的收納袋，分別放置換洗衣物、保暖衣物、盥洗包和一般用品，打開背包時只取需要的那一袋即可。環保購物袋的材質以防水爲佳，因爲可以帶進浴室洗澡，浴室多半沒有置物架，只能掛在門上，防水的話就能確保衣服不會淋濕。

若背包總重量不超過七公斤，可以直接背上飛機，但我帶了登山杖，所以必須托運。飛巴黎時，我把背包放在IKEA的藍色大購物袋裡，再用有密碼鎖的行李背帶捆起來，但這兩樣東西偏重，上路後便被我轉贈了出去。回程我直接以背包內建的防水袋保護外層，拉鍊處則以密碼鎖扣住，倒也十分安全。

以上裝備多數都在迪卡儂採買。我想特別感謝小島家人珮慈，她得知我將踏上旅程，於是慷慨資助了採購裝備的費用，對當時的我而言是莫大幫助，深深感激。

怎麼做更多行前準備？

買好來回機票，存妥沿途的旅費，帶上一顆無畏的心，就可以出發了。

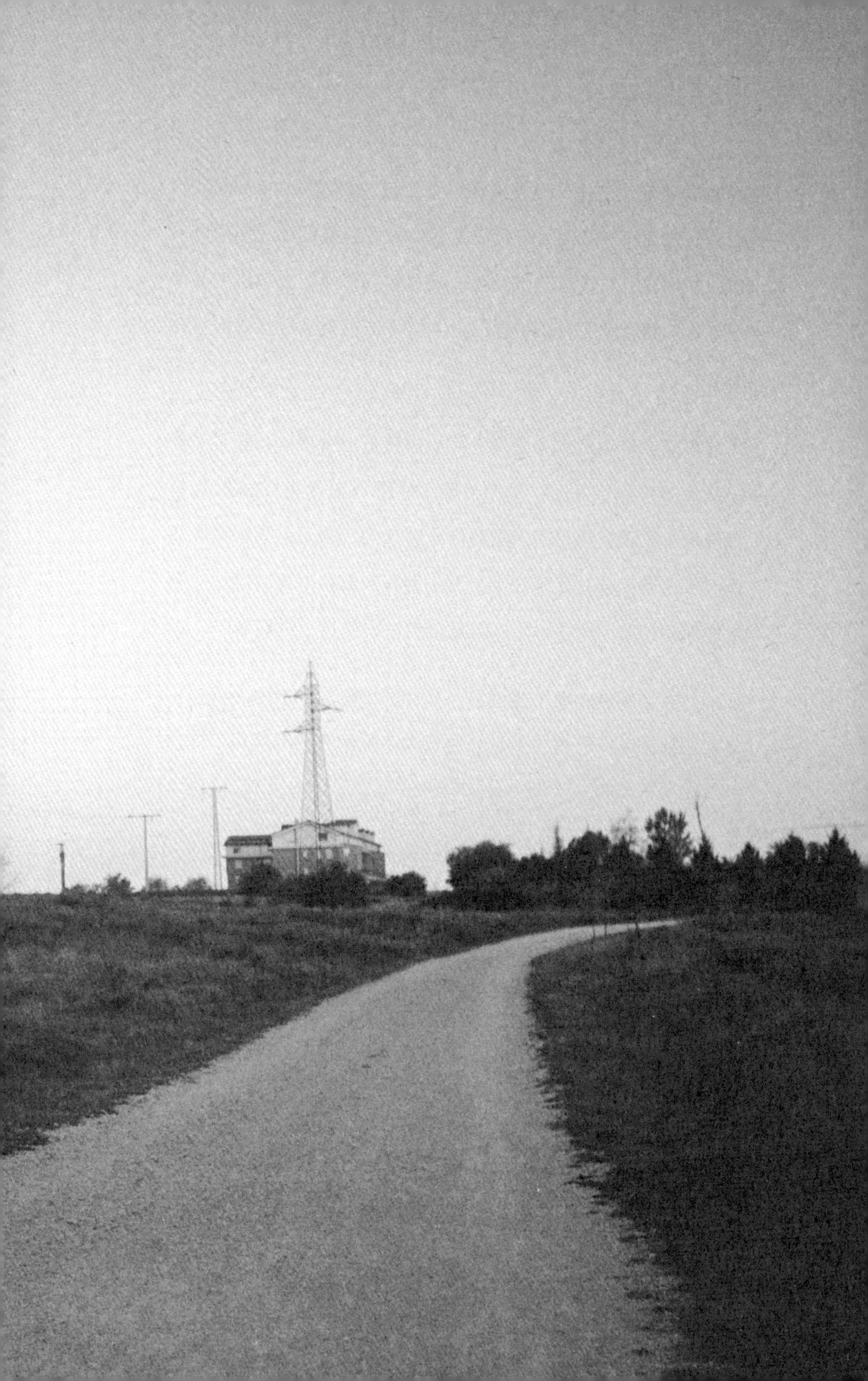

Km 0,000
galicia

羅秀芸（娃娃）

一九八五年生，真理大學台灣文學系畢業。

出生以來搬過二十二次家，小時候是不得已，長大後卻察覺在移動過程中，屢屢挖掘出自己不曾意識到的可能。近年居住在離島蘭嶼，碰巧發現母親取的小名「娃娃」在達悟語的含意為「大海」，也願人如其名，持續像海一般四處流動。

文字散見於《閱讀的島》及聯合報繽紛版，合著有《疫情釀的酒》一書。現為「在海一方」書店主理人。

Cover Design —— Chia Lin Wu | ashhgraphic@gmail.com

洄游，成為海
——寫給生命的朝聖日記

羅秀芸（娃娃） 著

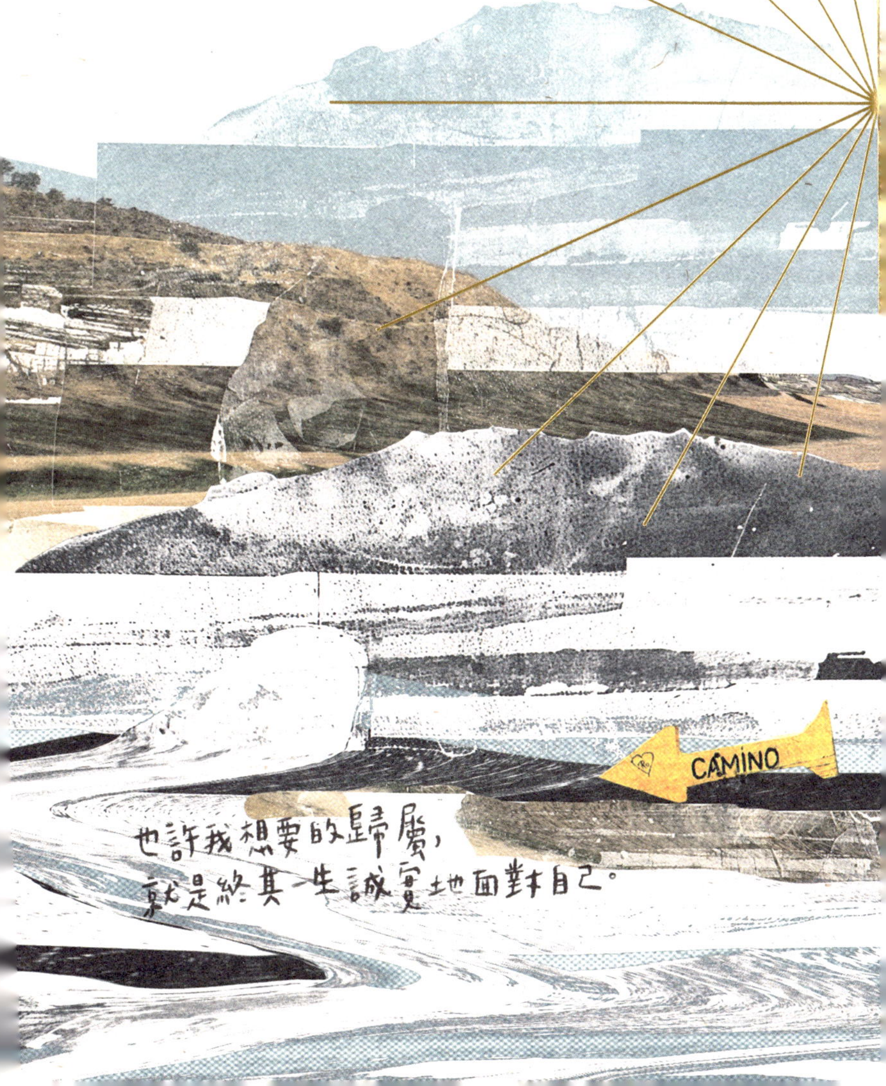

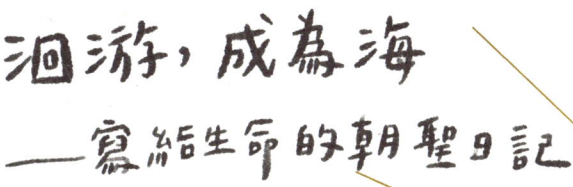

洄游，成為海

——寫給生命的朝聖日記

作者——羅秀芸（娃娃）

主編——董淨瑋
裝幀設計——吳佳璘
行銷企劃——黃阡卉

出版——裏路文化有限公司
發行——遠足文化事業股份有限公司（讀書共和國）
地址——新北市新店區民權路108-3號8樓
電話——02-2218-1417
傳真——02-2218-8057
Email——service@bookrep.com.tw
客服專線——0800-221-029

法律顧問——華洋國際專利商標事務所．蘇文生律師
印刷——凱林彩印股份有限公司

Printed in Taiwan
初版——2024年8月
定價——420元

洄游，成為海：寫給生命的朝聖日記 / 羅秀芸作 —初版．— 新北市：裏路文化有限公司出版：遠足文化事業股份有限公司發行 2024.8．面；公分

ISBN：978-626-98631-4-3(平裝) 1.朝聖 2.遊記 3.法國 4.西班牙 742.89……113009278